AF360691

SOUVENIRS

DE

PARIS ET DE VIENNE.

IMPRIMERIE DE GOETSCHY FILS ET COMPAGNIE,
Rue Louis-le-Grand, n. 35.

HISTOIRE

POPULAIRE ET COMPLÈTE

DE

NAPOLÉON II,

DUC DE REICHSTADT;

PUBLIÉE D'APRÈS DES DOCUMENS AUTHENTIQUES.

PARIS,

Chez MARESCQ, libraire, au Palais-Royal,

Passage de la Cour des Fontaines, n. 61 ;

Et chez les Marchands de Nouveautés.

1832.

INTRODUCTION.

Coup-d'œil politique sur l'Autriche, l'éducation du duc de
Reichstadt, et le système de M. de Metternich.

Les pages qu'on va lire ont été
publiées, au mois de *février* 1829,
dans l'ALBUM NATIONAL, recueil pé-
riodique à la rédaction duquel con-
couraient alors plusieurs hommes de
talent, parmi lesquels nous citerons
MM. Armand Carrel, Taillandier,
F. Gauja, Armand Marrast, Crussole

Lami, Victor Lanjuinais, Auguste Portalis, Dubouchet, Horace de Viel Castel, Dubouzet, Touchard Lafosse, et Alphonse Rabbe.

L'*Album national* cessa de paraître à l'avénement du ministère Polignac (8 août 1829).

Plusieurs publicistes se réunirent alors pour former *le National* qui compta parmi ses rédacteurs quelques-uns des hommes de lettres attachés à l'*Album*, et notamment M. Armand Carrel, chargé encore aujourd'hui de la rédaction en chef.

La révolution de juillet arriva, et

tous les collaborateurs des deux journaux que nous venons de nommer,
suivirent la carrière des emplois ad-
ministratifs ou des fonctions judi-
ciaires.

M. Armand Carrel est peut-être le
seul qui resta et voulut rester jour-
naliste.

Alphonse Rabbe était mort.

C'est à lui qu'appartiennent les
réflexions sur l'Autriche et le duc de
Reichstadt que nous publions aujour-
d'hui, comme introduction à l'histoire de Napoléon II.

Elles produisirent, lorsqu'elles parurent pour la première fois, en 1829, une profonde sensation ; mais aujourd'hui, des événemens inatten-dus, et la mort du duc de Reichstadt, arrivée comme elle avait été prévue, donnent à cette inspiration de l'écri-vain, un caractère vraiment prophé-tique.

Alphonse Rabbe, connu dans la littérature par une histoire de Russie, une histoire de Portugal, un grand nombre de notices biographiques, et plusieurs autres productions remar-quables, était auteur d'un article in-séré dans *le Courrier Français*, sur le tableau du sacre de Charles X, qui fut incriminé par le ministère public d'alors, et donna lieu au fameux arrêt de la Cour Royale de Paris, sur la liberté des croyances religieuses; arrêt célèbre qui retentit dans toute l'Europe, et que beaucoup de personnes regardèrent comme le signe précurseur d'un boulversement prochain.

Rabbe ne survécut que peu de jours à ce triomphe..... Ceux qui l'ont bien connu se sont demandés quelquefois comment il se serait arrangé de la révolution de juillet, et quelle ligne politique il aurait suivi, dans l'ordre actuel des choses....

C'est une question dont probablement personne n'aurait eu la solution; car de deux choses l'une :

Ou Rabbe se serait fait tuer au milieu des barricades ; ou, s'il eut survécu, sa pensée impétueuse, exaltée, brûlante n'aurait pas trouvé d'issue. son âme *incomprise* se serait refoulée sur elle-même; et, à la suite d'un de ces violens combats intellectuels où nous l'avons vu, si éloquent, si pittoresque, si terrible.... Il serait mort d'un coup de sang! J. P.

L'Autriche, le duc de Reichstadt, don Miguel, et
M. de Metternich.

De tous les pays d'Europe, le moins
connu, et sans contredit le plus curieux à
connaître, à l'heure qu'il est, c'est l'Autriche. Peu ou beaucoup, tous les autres

peuples de cette partie du monde ont marché depuis trente ans; l'Autriche seule est restée stationnaire. Quand M. de Metternich imagina ce *statu quo* permanent qui nous a paru si absurde, il n'était point un songe creux; il n'inventait pas une théorie imaginaire : le modèle, le fait de l'immobilité sociale permanente était là sous ses yeux, formait son horizon patriotique, et s'il n'avait voulu que reconnaître et fortifier le fait par des institutions encore plus appropriées à sa nature que celles qui déjà existaient en Autriche, il n'eût rien prétendu que de très-raisonnable. Son erreur fut de croire que ce qui existait là, autour de lui, pouvait être ailleurs, et de ne pas voir que l'état d'un peuple, au sein de la civilisation européenne, qui se complaît dans la vénération et le culte de toutes les idoles ailleurs renversées, d'un peuple content de sa servitude, bénissant l'aristo-cratie qui l'avilit, adorant ses maîtres, heureux de la seule compensation que lui offre un sol gras, fertile et bien cultivé, que la situation de ce peuple démentant la maxime *que l'homme ne vit pas seulement de pain*, était une inconcevable anomalie, un pur accident *sui generis* et qui ne pou-vait pas se reproduire ailleurs.

Ensuite, que M. de Metternich ait pro-posé aux aristocrates de tous les pays les principes et les habitudes qui régissent le sien, la chose est toute simple ; car c'est bien là le type le plus séduisant de la domination et de l'exercice du privilége. Que parle-t-on d'une noblesse anglaise, toujours aux prises avec la plus insolente populace, la plus démocratique canaille qui soit dans l'univers ? Qu'est-ce que des grands seigneurs forcés de mendier des suffrages jusques dans la boutique du savetier pour parvenir à jouir de leur capacité politique ? de grands seigneurs dont la voiture peut être mise en pièces selon le caprice du premier gredin venu ? Les princes, le roi lui-même, sont exposés aux insultes, aux avanies les plus étranges, et c'est pour cela qu'ils se montrent si rarement en public. La populace anglaise, fière d'une suprématie qu'elle exerce si noblement, l'étend jusqu'aux étrangers.

Tous ceux qui ont visité la Grande-Bretagne conviendront facilement qu'il est peu de contrées plus inhospitalières, et au total plus haïssables : soyez assez malencontreux pour avoir la plus petite contestation avec un cocher de fiacre à Londres ; aussitôt il vous saisit au collet en vous affublant de l'épithète favorite *french dog* , et en pareil cas , dans l'impossibilité d'obtenir d'un officier de paix la moindre justice , votre plus court parti est de boxer , si vous le pouvez. Si vous étiez insulté à Vienne par un individu de la même espèce, il se ferait tout-à-coup une clameur terrible de *haro* contre le malotru qui méconnaîtrait à ce point la grande loi des distinctions sociales et de l'humble soumission prescrites à vos inférieurs. Mais cette supposition même est inadmissible; un fait pareil serait chose contre nature parmi le débonnaire peuple autrichien.

Chose singulière ! le peuple anglais est le plus libre de la terre ; il le croit, il le dit ; nous le croyons et le copions ; et ce peuple grand et glorieux meurt de faim : il se rebelle, on le fusille, ce qui ne l'empêche pas d'être toujours la plus *indepen-dante* et la plus *admirable des associations humaines!* Cette liberté, quelque peu sanglante, semble avoir fait alliance avec la famine : les deux spectres s'embrassent, et la multitude en haillons, pâle et livide, qui tourbillonne et tombe à leurs pieds, ne cherche point en expirant à découvrir

le mystère de cette affreuse et horrible alliance. C'est égal, c'est un peuple qui
marche celui-là !

Le peuple autrichien ne marche pas du
tout, il n'a pas avancé d'un pas depuis
quarante ans; et si nous faisions de la
poésie, nous dirions que le vieux Saturne
y a perdu sa faulx et ses ailes. Là se sont
réfugiés toutes les formes et tous les
usages détruits ailleurs par l'effet des révolutions politiques ou simplement pres-
crits par le tems. On pourrait appeler
Vienne le faubourg Saint - Germain de
l'Europe. Entrez dans un salon; moins la
légèreté, plus quelque chose de tudesque,
vous y trouvez les élémens de la société
française en 1780. C'est la même compo-

2*

sition : il y a toujours un abbé, un baron ou un comte, un colonel ou un major, une chanoinesse ou quelque douairière à trente-six quartiers. Pour compléter l'illusion on y parle français. Le peuple respecte, d'un respect profond, toutes ces qualifications, tous ces titres, toutes ces fariboles ; un domestique vous écoute les yeux baissés ; l'ordre donné il court, ou plutôt vole, et votre seigneurie est servie à souhait. Paul - Louis disait que nous étions une nation de valets; oui, mais nous sommes des valets insolens, nous nous moquons de nos maîtres, et par derrière nous leur faisons la nique et les cornes, en attendant qu'ils soient tombés pour leur marcher sur le ventre, dût le sang leur jaillir par la gorge et les deux yeux. En Autriche ce n'est point cela. Le peuple y est imbu de la *foi*, de la religion des distinctions sociales. Comprenez-vous ce que c'est que cette foi? Il croit le privilége chose toute naturelle et aussi bien établi de Dieu que la lumière du soleil. Il sert, il obéit, il se prosterne avec plaisir sans arrière pensée, il pense que c'est bien ainsi. Jugez comme il est agréable de despotiser un peu dans ce pays, Cocagne de la subordination et du commandement, pays où l'homme du peuple a l'organe auditif construit si heureusement, que ce mot, *je veux*, qui leur déchirerait ici le tympan d'une façon atroce, ne fait que les chatouiller le plus agréablement du

monde ! Un de mes amis (déterminé li-
béral), lequel vient de ce pays naguères ,
et qui me racontait ces choses , me disait
avec naïveté. « C'est plaisir que de vivre
» là : j'y étais au mieux : si j'avais eu assez
» d'argent j'y serais resté *per vitam æternam.*
» Je vous assure que cela me donnait bien
» à penser. »

Et ce peuple si respectueux, si humble
et si soumis, vous croyez peut-être qu'il
est pauvre, va tout nu et meurt de faim,
et que sa misère est la condition et la ga-
rantie de sa docilité ? Cette noblesse qui
maintient rigoureusement le peuple si bas
au-dessous d'elle, vous la supposez op-
pressive, barbare, s'engraissant des sueurs
du paysan et formant les perles de son

luxe des larmes de l'esclave.... Point du tout, ni l'un ni l'autre ne sont vrais : le peuple est heureux (si toutefois sans liberté, ce don du ciel ! on le peut être) ; il vit dans l'abondance, dans la sécurité, il ne tremble pas (dans l'espace de six ans il n'y a eu qu'UNE SEULE condamnation capitale à Vienne ; et encore a-t-elle frappé la tête d'un étranger, d'un Polonais) ; le noble n'est point armé du fouet, il n'est point tyran, il n'a pas de droit de prélibation, il use paternellement de son autorité, et le paysan et le noble, sauf la distance, vivent de bonne amitié que c'est merveille. Mais, direz-vous, il est abêti par la superstition, les prêtres lui mettent la gourmette, c'est pour cela que l'aristocratie le chevauche si bellement ? Je suis encore forcé de vous dire qu'il **n'en** est pas tout ce que vous croyez : on y voit, il est vrai, ermites à besace pleine, beaux capucins à teint florissant et riche barbe, de même qu'on y voit de vénérables abbayes avec leurs arceaux, leurs ogives et piliers en gerbe : on salue avec componction capucin et ermite, mais du reste point de cagoterie gênante : jamais de Contrafatto ni de Molitor; les curés de campagne n'y empêchent pas les jeunes filles de danser, au contraire, par les hameaux et villages, dans cette grasse Autriche, ce ne sont que chansons et danses, tout le monde s'y gaudit. Du tems de Marie-Thérèse il y avait eu quelque peu d'inquisition tracassière sur le chapitre des mœurs, mais aujourd'hui on laisse courir l'eau, quoiqu'on y évite le scandale ; et puis vous savez quelle est la bonté de cœur des Allemandes.... Il y a un commandement de la *Genèse* qu'elles accomplissent plus dévotieusement que nulles femmes au monde, et depuis le trône jusqu'à la chaumière le vers fameux est vrai :

> .... *felix Austria nube !*

Mais voici le pire ! La noblesse étant à ce point haute et respectée, vous regardez comme une conséquence que le souverain, le chef de l'empire, soit entouré du plus solennel appareil, et dans sa mystérieuse splendeur, inabordable presqu'autant que le Grand-Lama ? Eh bien ! figurez-vous qu'il sort dans une voiture à deux chevaux, sans hussards , sans gendarmes ni lanciers , sans même coureurs ni piqueurs. Au palais , point de garde. Demandez à parler à sa très-sacrée majesté : On vous annonce , vous voilà en présence de l'héritier des Césars qui donne des audiences de huit heures deux fois par semaine , il écoute toute votre affaire , et pour peu que vous lui reveniez , il vous dira : « Vous devez être fatigué, asseyez-vous-là , et causons. »

Ce bon prince s'occupe avec sollicitude et constance du bien de ses peuples ; il encourage et favorise l'industrie : tel inventeur repoussé chez nous du seuil des ministres, a trouvé en Autriche accueil et protection.

Les Autrichiens étant de tout point si différens de nous, vous vous persuadez peut-être qu'ils nous détestent et n'aiment pas à nous voir chez eux ?.... C'est encore une erreur. Les Français y sont accueillis avec préférence, avec bonté, avec distinction, seulement si l'on vient à comparer les idées et les opinions des deux nations, ils disent tout doucement que nous sommes des fous, jamais contens de ce qu'ils ont, tuant un roi pour avoir une république, et lâchant icelle pour prendre un empereur. Leurs aristocrates se moquent agréablement des nôtres, remarquant que telle de leurs *seigneuries* a chanté la *carmagnole* et le *ça ira*, dans le tems où ça allait bien, si loin déjà de celui-ci où ça va encore mieux ! Enfin ils disent que nous sommes un drôle de peuple, mais ils soutiennent cette bizarre proposition sans malice et sans fiel. Qu'importe après tout, cela n'empêche pas, qu'après l'Angleterre s'entend, nous ne soyons aussi la *plus grande et la plus glorieuse des associations humaines ;* et quand la jeune France aura mis ses bottes, ce sera bien autre chose encore !

Tout ce qui est licite est facultatif à un Français à Vienne, et même quelque peu de ce qui est illicite, comme d'acheter des livres défendus, ce qui est le plus mal aisé pourtant : il n'y a qu'une chose qui soit interdite à nos compatriotes, c'est de voir le duc de Reichstadt. Or, ceci est une question beaucoup plus difficile à clarifier. On entre partout ; les grands dignitaires , les ministres sont les gens les plus abordables, mais pour le jeune prince , impossible ! on va sans peine jusqu'au comte de Dietrichstein inclusivement; c'est son *grand maître*, comme qui dirait le ministre de sa maison , quoique le duc de Reichstadt vivant au palais , n'ait pas précisément une maison et une suite distinctes.

L'Autriche ainsi constituée, on conçoit qu'il est peu probable que son aristocratie se détermine jamais à courir les chances d'un ébranlement qui pourrait la déraciner, pour parvenir à placer une couronne étrangère sur cette jeune tête, sujet de tant de craintes et de tant d'espérances ! La famille impériale et surtout son chef, dont cet enfant est tendrement aimé, pourraient bien vouloir risquer pour lui un enjeu au hasard des batailles ; mais la noblesse n'y consentira jamais. Or, c'est la noblesse qui règne dans ce pays. La manière dont on l'élève, la manière dont on le garde, tout sert à révéler les méditations sinistres que son existence provoque. L'expression même de son visage fait pressentir l'espèce de captivité éternelle à laquelle il est condamné ; quelque chose de triste et de fatal voile ses traits, à la fois fiers et doux ; par intervalles on voit se soulever sa grande paupière, un éclair soudain en jaillit comme des yeux de son père, et aussitôt ses regards retournent chercher la terre. Il va, il vient, il monte à cheval, vous diriez qu'il est libre ; mais il est toujours escorté. Ce ne sera pas ici le sort d'un prince Ivan, que Catherine II fit assassiner à vingt ans dans la prison où un autre tyran femelle, Elisabeth, l'avait jeté en le prenant au berceau. Ces actes d'une férocité souveraine ne sont guère possibles qu'avec une immense et absolue puissance, et au milieu de mœurs barbares. Qui pensait au prince Ivan? Ici, au contraire, l'Europe entière regarde cet auguste enfant avec les yeux de deux cent cinquante millions d'hommes ; et sa mère est là, et sa famille l'aime. L'aristocratie autrichienne ne peut le tuer. On dit pourtant qu'il mourra jeune , et que déjà les roses de la santé et cet éclat de la première jeunesse qui coloraient son visage , ont fait place à la plus funeste pâleur. Il est grand, élancé , mais l'effet d'un marasme précoce amaigrit trop sa taille et prive ses formes de la grâce du contour. Jeune infortuné ! il ne respire pas aussi à l'aise que le dernier des sujets de son aïeul ; il est emprisonné dans une Ste-Hélène morale ; car en effet, et pour me servir de la pittoresque expression d'un grand peintre (1), ces gentilshommes qui l'entourent, et s'empressent autour de lui avec solennité, sont des *hommes-prison*. Ne vous hasardez pas à saisir un moment pour arriver jusqu'à lui, quand il sort et monte

(1) Victor Hugo.

à cheval ; ne vous hasardez pas à lui remettre un placet , ni même un livre que vous auriez fait : votre témérité serait de la folie et ne vous servirait à rien , quand même vous échapperiez au ressentiment de ses geoliers dorés. Ce que vous lui auriez présenté, placet, ou lettre ou livre, il ne l'ouvrirait pas, ne le lirait pas, mais le remettrait immédiatement dans les mains de l'un de ceux qui le suivent toujours , toujours comme l'ombre suit le corps ! Rejeton malheureux de la plus grande destinée du monde, que ton père avait raison de s'écrier dans ces derniers momens de combats où il nous parut sublime : *Le sort d'Astyanax, prisonnier des Grecs, m'a toujours paru le sort le plus malheureux de l'histoire !*

C'est ainsi qu'il a été élevé, à ne point penser, à ne point juger par lui-même, à se tenir en hostilité perpétuelle contre ses propres impressions ; c'est-à-dire qu'il a été abreuvé à longs traits de l'élixir du jésuitisme. Que lui a-t-on dit de son père ? lui a-t-on parlé de sa grandeur et de sa gloire ? aura-t-on laissé arriver jusques à lui quelques rayons de ce tems de puissance et de prodiges où l'Europe tout entière était légère dans le creux de la main de Napoléon ? Cela n'est point à présumer ; mais plutôt un indigne travestissement de cette étonnante histoire l'aura forcé à rougir de son origine. On lui aura parlé vaguement des révolutions, des malheurs passés ; on lui aura dit que la monarchie autrichienne, poussée sur le penchant de sa ruine par la fortune des armes, fut forcée de se racheter, et que, par un effort magnanime, son aïeul mit pour rançon de ses sujets la main d'une archiduchesse dans la main sanglante d'un brigand heureux, d'un *Pugatscheff* français. On lui aura dit que la chute de ce vainqueur audacieux des royautés légitimes fut le terme d'un hymen que le ciel n'avait pu voir qu'en sa colère; on l'aura peut-être forcé de maudire la mémoire de ce père qui ne voulut exhaler son âme et ses longues douleurs qu'en regardant son image chérie. Tel serait donc le secret de son marasme et de sa pâleur, le secret de ses regards, qui, au lieu de se lever vers les cieux pour y chercher un horizon sans bornes de bonheur et de hautes espérances, semblent demander à la terre, semblent convoiter un prématuré tombeau !.... Il a dix - sept ans !

On dit que, lorsque Don Miguel était à Vienne, on permit, se fiant d'une part sur les recommandations qui lui avaient été faites, et de l'autre sur sa stupidité naturelle, on permit qu'il vît très - souvent et très-familièrement le jeune duc. Or, Don Miguel, en véritable mauvais sujet, trouva plaisant de donner le croc en jambe à tant de prudence, à tant de précautions diplomatiques, et il raconta à l'auguste enfant tout ce qu'il savait de l'histoire du grand homme. L'enfant ayant écouté avec tout le saisissement de la plus vive surprise, mille pensées tumultueuses formèrent un orage dans sa jeune tête ; il fit des questions ; on les éluda ; il insista avec une fermeté et une fougue, qui révélèrent en lui le tempérament du lion dont le sang coule dans ses veines ; mais on le fit taire par l'autorité d'une volonté suprême ; et c'est depuis ce moment, qu'il a compris toute la grandeur de son infortune.

Je reviens à l'Autriche en général..... au fait, je marchais ici sur des charbons ardens, recouverts d'une cendre trompeuse, et ce n'est pas encore en France que l'on peut sans crainte hasarder la plante de ses pieds sur ce sujet.

Les Anglais se sont beaucoup occupés de l'Autriche, dans ces derniers tems. Ils ont

»le choc de Napoléon, et survécu aux at-
»taques du géant, c'est là une singularité
»de l'histoire moderne difficile à expliquer.
»La guerre de 1809 est un véritable prodige :
»plus de soixante mille hommes furent équi-
»pés, armés, disciplinés et conduits sur le
»champ de bataille par la noblesse autri-
»chienne et à ses frais. Les ornemens des
»lieux saints, la vaisselle plate, l'argente-
»rie, les diamans furent portés au trésor,
»et transformés en valeurs monétaires ;
»toutes les classes du peuple firent, sans
»murmurer et presque avec joie, ce sacri-
»fice à la patrie. La bataille perdue à Re-
»gens, loin d'éteindre cet enthousiasme,
»ne fit que l'exciter; et la constance de ces
»efforts, leur énergie, leur courage, eurent

»pour récompense le succès d'Aspern (Page
» 126). »

Et voilà cette population qui « est dénuée
» de tout sentiment national, de toute pen-
»sée élevée ; qui s'offre à nous sous des
» couleurs à la fois favorables , quant aux
» qualités sociales , et sous un aspect affli-
» geant pour le philosophe (page 121). Voilà
» le résultat de ces mœurs lâches et serviles,
»de cette éducation étroite et fausse, de ces
» entraves imposées à toutes les facultés de
»l'âme et de l'esprit , qui font une popula-
» tion sans ressort, sans génie , sans force
» morale(page 119».

Disons plutôt : Voilà comment le sentiment d'une nationalité exagérée, exclusive,
sauvage, jette les Anglais dans les plus in-

soutenables contradictions. Voilà comment leurs *touristes* jugent l'Autriche, à peu près aussi équitablement et aussi logiquement qu'ils jugent le reste du monde. Ils sont toujours séparés, par leur orgueil comme par leur position insulaire, *a toto orbe*.

Mais vous-même enfin, me dira quelqu'un, comment la jugez-vous, au fond, cette Autriche, où la sécurité et tous les biens de la vie sont payés de l'espionnage continuel, ou plutôt de l'oppression et de la castration perpétuelle de la pensée ? Voulez-vous nous la proposer pour modèle, auriez-vous la prétention de restaurer les autels des dieux de l'absolutisme, que nous avons détruits, et sur les débris desquels nous avons élevé un pacte constitutionnel,

qui fait le bonheur de tous les Français,
pour peu qu'ils aient avec cela de bonnes
rentes?

Moi, vanter l'oppression de la pensée !..
Vous m'insultez. Non, non, Dieu m'en
garde. Je vous ai dit que l'état social de
l'Autriche était une anomalie, un accident,
et je conviens qu'avec tout son bonheur,
elle n'est pas dans l'état *normal* et sain des
peuples bien constitués. D'ailleurs, et pour
unique conclusion, je soutiens qu'il ne peut
pas exister un patron uniforme de gouvernement pour tous les peuples; et aussi que
les théories politiques ne sont rien, et que
la pratique est tout. D'où je conclus encore
que homme d'état et publiciste, ce n'est
pas la même chose, quand même le publi-

ciste serait le fameux archevêque de Mali-
nes. Certes nous ne sommes pas des Autrichiens ; il nous faut de toute nécessité la
sainte liberté de parler, d'écrire, d'impri-
mer ; et le gouvernement fait bien de nous
la laisser, jusqu'à concurrence des choses
absolument *ineffables* ; c'est pour lui la *sou-
pape de sûreté*, au moyen de laquelle toutes
nos colères d'opposition se résolvent en va-
peurs, pendant que la *marmite représentative*
va, au grand contentement de ceux qui
l'écument, à la mode du cuisinier des *Noces
de Gamache*.

N. B. Quand ces pages ont été écrites, c'était une opinion généralement répandue en France, que le jeune duc avait ignoré longtems l'éclat de sa naissance et l'étonnante destinée de son père. On croyait aussi que c'est au hasard qu'il en avait dû la révélation. Mais c'était une erreur, qui n'a dû quelque consistance qu'au mystère dont la vie du prince était environnée.

Aujourd'hui la vérité est connue, et c'est elle que nous allons transmettre à nos lecteurs.

Nous nous sommes environnés pour écrire l'histoire du duc de Reichstadt, de documens précieux, que de bienveillantes communications ont mis à notre disposition.

Ce livre n'est point un ouvrage de parti, c'est l'expression naïve et complète de toute la vérité sur le fils de Napoléon.

VIE ANECDOTIQUE

DE

NAPOLÉON II,

DUC DE REICHSTADT.

CHAPITRE Ier.

Tableau de la puissance de l'empereur et de la glorieuse prospérité de l'empire français au 20 mars 1811. — Naissance du roi de Rome. — Effet produit par cet événement en France et en Europe. — Enthousiasme du peuple. — Acclamations universelles. — Bruits absurdes sur l'illégitimité du roi de Rome. — Accouchement difficile de l'impératrice. — Sa délivrance. — Joie de l'empereur en embrassant son fils et en le présentant au peuple.—Baptême du roi de Rome.

C'était le 20 mars 1811!... Couronné des palmes immortelles de la victoire, entouré des grands capitaines qu'il avait formés, des rois et des princes souverains qu'il avait créés, tenant dans ses mains la destinée du monde, l'empereur Napoléon était arrivé au plus haut point de gloire, de puissance et de grandeur qu'un mortel pût atteindre. Pour nous, c'était un héros; pour ses ennemis, un colosse invincible ; pour les peuples lointains où il avait porté la sagesse de nos lois et la force de nos armes, c'était presqu'un dieu.

Ressaisissant le sceptre de Charlemague, Napoléon avait reculé jusqu'aux deux mers les limites de l'empire français. Le Tibre, la Seine et le Zuiderzée, avaient réuni leurs ondes; l'Espagne, Naples, et le royaume de Westphalie étaient presque des possessions françaises !

On annonçait un héritier de tant de gloire, et le monde entier tournait des regards attentifs vers le château des Tuileries.

Car cet héritier n'était pas moins nécessaire à la tranquillité du monde qu'au bonheur du héros.

C'était la seule faveur qu'il attendit encore de la fortune.... Ce fut aussi la dernière qu'il en obtint !

Au point du jour, une extrême agitation commença à se manifester dans la Capitale, et la foule se porta vers les tuileries.

Chacun attendait avec anxiété le premier coup de canon qui devait annoncer la délivrance de l'impératrice.

Enfin il retentit !!!

Mais nulle expression ne pourrait rendre aujourd'hui l'effet électrique et profond que produisit à Paris et bientôt dans toute la France, le *vingt-deuxième coup*, qui proclamait la naissance d'un garçon.

L'Europe entière s'en émut.

C'est que dans ce vingt-deuxième coup de canon, était toute une dynastie, tout un avenir.

L'auguste enfant, fils du plus grand héros des tems modernes, petit-fils de roi, roi lui-même en naissant, fut salué d'universelles acclamations, et du titre imposant de souverain des Romains; comme si *la ville éternelle* était le seul apanage qui parut digne de l'héritier du grand Napoléon.

Qui eût dit alors que, vingt ans après, il ne resterait de l'empereur et de son fils, tous deux morts dans l'infortune et l'exil, qu'un souvenir pour l'Europe, et un nom pour la postérité!

Cependant toute la population se précipita avec des transports de joie dans les cours du palais, sur les quais, et dans le jardin des Tuileries.

Les chapeaux voltigeaient en l'air, on courait au-devant les uns des autres, on s'embrassait, on criait: *Vive l'empereur? vive le roi de Rome!*

Et les vieux soldats versaient des larmes de joie, en pensant qu'ils avaient contribué de leurs fatigues et de leur sang à préparer l'héritage du roi de Rome ; et que leurs lauriers allaient ombrager son berceau.

L'empereur, caché derrière un rideau, à une croisée de l'impératrice, jouissait du spectacle de la joie populaire, et en paraissait profondément attendri, des pleurs coulaient de ses yeux.

Jamais la gloire ne lui avait fait verser une larme ; mais le bonheur d'être père, avait amolli cette âme que les plus éclatantes victoires et les témoignages les plus sincères de l'admiration publique avaient toujours trouvée si ferme.

Au bout de quelques heures, l'événement qu'attendaient avec une égale impatience la France et l'Europe était devenu la fête de toutes les familles.

A onze heures, Madame Blanchard partit en ballon de l'École-Militaire, pour répandre dans les villages au-dessus desquels elle devait passer la nouvelle de la naissance du roi de Rome.

Le télégraphe annonçait de toutes parts cet heureux évènement, et à trois heures après midi, on avait déjà reçu la réponse de Lyon, de Lille, de Bruxelles, d'Anvers, de Brest, de Bordeaux et de toutes les grandes villes de l'empire. Cette réponse était, comme on le pense, parfaitement d'accord avec les sentimens de la capitale.

Pour répondre à l'empressement de la foule qui se pressait continuellement aux portes du palais afin d'avoir des nouvelles de l'auguste accouchée, Napoléon avait décidé qu'un de ses chambellans se tiendrait du matin au soir dans le premier salon du grand appartement, pour recevoir les personnes qui se présenteraient, et leur donner connaissance du bulletin que les médecins devaient remettre de deux heures en deux heures.

Aussitôt la délivrance de Marie-Louise, des courriers extraordinaires avaient été lancés sur toutes les routes, pour porter dans les Cours étrangères la grande nouvelle ; des pages avaient été chargés de cette mission auprès du sénat d'Italie et des corps municipaux de Milan et de Rome.

Des ordres furent donnés dans les villes de guerre et dans les ports, pour qu'on y tirât les mêmes salves qu'à Paris et pour que les flottes fussent pavoisées.

Une belle soirée favorisa les réjouissances particulières de la capitale ; toutes les maisons avaient été spontanément illuminées.

Ceux qui cherchent à deviner par les apparences extérieures quelle est la pensée d'un peuple dans des évènemens de ce genre, remarquèrent que les derniers étages des habitations situées dans les faubourgs, étaient aussi éclairés que les hôtels les plus somptueux et les plus belles maisons de la capitale.

Les édifices publics qui, dans d'autres circonstances, se font remarquer, grâce à l'obscurité qui les environne, paraissaient à peine éclairés, dans cette profusion de lumières que la joie publique avait allumées à toutes les fenêtres.

Les bateliers donnèrent sur l'eau, une fête impromptu qui dura une partie de la nuit et à laquelle une foule immense assista sur le rivage.

Ce peuple qui, depuis trente ans, avait passé par tant d'émotions et qui avait fêté tant de victoires, montrait un enthousiasme aussi vif que s'il se fût agi d'une première fête, ou d'un changement heureux dans sa destinée.

Des vers furent chantés ou récités sur tous les théâtres, et il n'y eut forme poétique, depuis l'ode jusqu'à la fable, depuis le poème épique jusqu'à la chanson, qui n'ait été employée à célébrer l'événement du 20 mars.

MM. Tissot et Michaud (de l'Institut), y soutinrent dignement leur réputation ; M. Casimir Delavigne, à peine adolescent, y commença la sienne dans un dithyrambe qui fixa l'attention de l'empereur lui-même; il n'est pas jusqu'à M. de Châteaubriand , qui dans un discours célèbre , n'accompagnât de ses vœux et de ses acclamations *l'enfant de la providence, sur la tête duquel reposaient les destinées du monde* (1).

(1) Nous publions à la fin de ce volume sous le titre de *documens historiques* , les compositions poétiques les plus remarquables de cette époque. Elles sont aujourd'hui d'une grande rareté , quel-

Cependant cette naissance qui comblait tant de vœux, détruisait aussi des espérances ;... et comme cela est arrivé plus d'une fois, l'envie, l'ambition déçue, la malveillance intéressée, répandirent à cette occasion les bruits les plus absurdes.

Les uns prétendirent que l'impératrice n'avait jamais été enceinte, et que son accouchement n'avait été qu'une comédie, jouée pour fournir à Napoléon le moyen d'adopter un de ses enfans naturels ; les autres dirent qu'elle était accouchée d'une fille, d'un enfant mort, et qu'on y avait substitué un autre enfant.

ques-uns de ces auteurs, les ayant fait disparaître des nouvelles éditions de leurs œuvres.

Les circonstances, qui accompagnèrent l'accouchement avaient été trop remarquables et trop publiques, pour donner à ces bruits invraisemblables le moindre crédit. Après la naissance de Henri IV, entourée, comme on sait, d'un si grand nombre de témoins, la naissance du roi de Rome est assurément la plus authentique et la moins contestable que l'on puisse trouver dans l'histoire.

En effet, le 19 mars, à sept heures du soir, Marie-Louise ressent les premières douleurs. Aussitôt on en fait part à l'empereur, qui envoie tout de suite chercher M. Dubois. Il logeait au château depuis quelque tems.

Toute la maison de l'impératrice était

dans l'appartement. L'empereur, Madame mère , les reines et les rois, ses fils ; MM. Corvisart , Yvan , et un grand nombre des principaux officiers du palais étaient dans un salon voisin de la chambre à coucher de l'impératrice.

Les douleurs, qui avaient été faibles pendant toute la nuit, se calmèrent tout-à-fait à six heures du matin. M. Dubois, ne prévoyant rien qui annonçât un accouchement très-prochain , le dit à l'empereur qui renvoya tout le monde . et alla se mettre au bain.

L'anxiété qu'il avait éprouvée toute la nuit — car il ne s'était pas couché et avait passé tout ce tems là à encourager sa jeune épouse — rendait nécessaire ce moment de

repos. Il paraissait extrêmement in-
quiet.

Marie-Louise, accablée de fatigue, dor-
mit quelques instans. De vives douleurs
l'éveillèrent; elles allèrent toujours en aug-
mentant sans amener la crise exigée par la
nature, et M. Dubois acquit la triste certitude que l'accouchement serait long et la-
borieux.

Il y avait à peine un quart d'heure que
l'empereur était dans son bain, lorsque le
premier médecin se fait annoncer ; il a la
figure toute décomposée.

L'empereur remarque l'altération des
traits du docteur , et lui dit : « Eh bien !
» Dubois, qu'y a-t-il ?

» Sire, sur mille accouchemens , un seul

» se présente comme celui de S. M. l'impé-
» ratrice, et je crains...

Ici M. Dubois hésita. Napoléon lui dit avec vivacité :

» — Allons, dites !...

» — Sire, je crains de ne pouvoir sauver » la mère en même tems que l'enfant !

» Bah !... au surplus ne perdez pas la tête; » surtout sauvez la mère, ne pensez qu'à la » mère... je vous suis. »

Et l'empereur sortant précipitamment du bain, passa une robe de chambre et descendit chez sa femme.

Il l'embrassa tendrement, lui recommanda de prendre du courage et lui tint la main pendant quelque tems. Mais ne pouvant résister à son émotion, il fut forcé de se retirer dans un cabinet de toilette, qui était à côté ; et là, prêtant une oreille attentive , tremblant de crainte , il passa un quart d'heure dans des angoisses cruelles.

Il fallut employer les ferremens.

Marie - Louise s'en aperçut et dit avec amertume :

« Parce que je suis impératrice, faut - il » donc me sacrifier !... »

— « Courage , Madame », lui répondit Madame de Montesquiou, qui lui tenait la tête : « J'ai passé par là , moi , et bien d'au» tres , je vous assure que vos précieux jours » ne sont pas en danger. »

Le travail dura vingt-cinq minutes et fut très-douloureux.

L'enfant s'était présenté par les pieds ; il fallut de grands efforts pour lui dégager la tête.

Pendant ce tems l'empereur attendait toujours dans le cabinet ; il était pâle et paraissait hors de lui.

Enfin l'enfant vint au monde. Alors Napoléon se précipitant dans la chambre à coucher de Marie-Louise, l'embrassa avec une extrême tendresse, sans même jeter un regard de curiosité sur le nouveau-né, que l'on croyait mort.

En effet il était resté près de dix minutes sans donner aucun signe de vie.

On lui souffla quelques gouttes d'eau-de-vie dans la bouche ; on le frappa légèrement du plat de la main sur tout le corps, on l'enveloppa de serviettes chaudes ; enfin.. il poussa un petit cri.

A peine l'empereur l'eut-il entendu que, s'élançant des bras de sa femme, il courut embrasser ce fils dont la naissance était pour lui la plus haute faveur de la fortune.

Il paraissait être au comble de la joie ; il quittait alternativement la mère pour le fils et le fils pour la mère, ne pouvant se rassasier de la vue de l'un et de l'autre.

Quand il remonta dans son appartement pour s'habiller, son visage parut rayonnant, et se voyant entouré de quelques serviteurs zélés qui par respect n'osaient laisser éclater leur joie, il leur dit :

— « Eh bien ! Messieurs, nous avons un

» gros garçon !... Par exemple , il s'est un
» peu fait tirer l'oreille, mais enfin il est
» venu. »

Ce fut ainsi qu'il annonça la naissance
de son fils à toutes les personnes qui vinrent
apporter au château leurs sincères félicitations (1).

Aussitôt que l'impératrice eût rétabli
sa santé, l'empereur désira qu'elle fit un
voyage et l'accompagna lui-même dans
les départemens du Calvados et de la
Manche.

Le retour de LL. MM. à Paris y ramena

(1) Ces curieux détails sont extraits , en grande
partie , des intéressans Mémoires de Constant,
premier valet-de-chambre de l'empereur.

Il fût témoin de tout ce qu'il raconte.

les réjouissances et les fêtes qu'occasio-
nèrent le baptême du roi de Rome. Elles
eurent pour spectateurs, indépendam-
ment de tous les habitans de la grande
cité , une foule prodigieuse d'étrangers de
toutes les conditions.

A cinq heures du soir, le canon des In-
valides annonça le départ de LL. MM. du
palais des Tuileries pour se rendre à la
Métropole. Jamais cortège impérial ne
fut d'une semblable magnificence. La te-
nue des troupes, la richesse et l'élégance
des voitures, l'éclat des costumes, offri-
rent un spectacle ravissant. Ces acclamations du peuple qui retentissaient au
passage de l'enfant-roi ; ces maisons ta-
pissées de festons de fleurs et de drape-

ries ; ces drapeaux flottans aux fenêtres ; cet immense appareil d'une fête qu'animaient un sentiment vrai et des idées d'avenir, tout cela produisait sur les cœurs français une impression vive et profonde.

La cérémonie du baptême s'accomplit avec une pompe et une solemnité inusitées de nos jours.

Après le baptême, l'empereur prit son fils dans ses bras, et le montra aux nombreux assistans qui garnissaient la vaste église de Notre-Dame ; aussitôt les acclamations, qui jusqu'alors avaient été comprimées par la sainteté du lieu et la majesté de la cérémonie, éclatèrent de toutes parts.

Les prières achevées, LL. MM. se rendirent à l'Hôtel-de-Ville, où un banquet somptueux et un brillant concert leur furent offerts par la ville de Paris.

CHAPITRE II.

Choix d'une nourrice et d'une gouvernante. — Emploi de premières journées de l'existence du jeune prince. — Présence d'esprit d'un solliciteur. — Gaité de l'empereur. — Heureuses dispositions du jeune prince. — Utile correction qu'il reçoit de Madame de Montesquiou. — Jeux de l'empereur avec son fils. — Le roi de Rome au conseil des ministres. — Discussion du petit roi avec l'huissier de la chambre.

Aussitôt après sa naissance, le roi de Rome fût confié à une nourrice saine et robuste prise dans la classe peu aisée du peuple.

Cette femme ne pouvait ni sortir du palais, ni recevoir aucun homme : les précautions les plus sévères avaient été prises à cet égard.

On lui faisait faire, pour sa santé, des promenades en voitures, et alors même elle était toujours accompagnée de plusieurs femmes.

Voulant donner à son fils une gouvernante, l'empereur avait choisi dans sa cour une dame dont le rare mérite et les vertus éminentes commandaient l'estime et le respect ; il eût en ceci la main heureuse.

Madame de Montesquiou obtint ce poste important.

Jusqu'à ce que l'enfant-roi eût acquis assez de force, et que sa petite intelligence eût pris assez de développement pour qu'on pût jeter dans cette jeune âme les premiers germes de l'éducation, son existence fut monotone comme celle de tous les enfans, et n'offre aucune particularité remarquable.

Tous les matins vers neuf heures, on portait le roi de Rome chez sa mère; elle le prenait dans ses bras, le carressait pendant quelques instans, puis le rendait à sa nourrice, et se mettait à lire les journaux dont elle se montra toujours fort curieuse.

L'enfant criant et s'ennuyant de ne point téter, la gouvernante l'emmenait.

A quatre heures c'était le tour de la mère d'aller visiter son fils.

Marie-Louise descendait alors dans les appartemens du jeune roi, emportant avec elle un petit ouvrage de broderie auquel elle travaillait avec distraction. Vingt minutes après on venait la prévenir qu'un de ses maîtres de dessin ou de musique était arrivé pour sa leçon, et elle remontait chez elle.

Cet enfant qui semblait réservé à de si hautes destinées, fût, dans l'âge le plus tendre, la cause d'une bonne action à laquelle il prit une grande part, assurément sans s'en douter, (car il n'avait alors que six mois) mais qu'on aurait pû regarder alors comme un heureux présage pour l'avenir.

Un homme très-recommandable, fort

instruit, et très-malheureux, fatigué d'é-
chouer dans toutes ses demandes, et n'o-
sant plus compter sur ses protecteurs,
s'avisa d'un stratagème qui n'aurait pas
été indigne d'un courtisan de Louis XIV,
et qui d'ailleurs lui réussit à merveille.
La nécessité donne souvent d'heureuses
idées. Notre solliciteur rédige donc avec
beaucoup de soins un placet qu'il adresse
à *Sa Majesté le roi de Rome;* et le cœur
plein d'espoir, il va trouver un officier-
général attaché à la maison de l'empereur,
lui avoue sa détresse, lui montre son plan
et lui dit : « Général, vous feriez encore
» une action généreuse, et je vous con-
» serverais une reconnaissance éternelle,
» si vous me facilitiez les moyens de pré-

» senter cette demande à l'empereur ».

Cet officier-général qui avait peut-être encore plus d'obligeance que de bravoure (c'était Rapp) conduisit aussitôt le pétitionnaire devant Napoléon qui prit le placet, remarqua la suscription et parut agréablement étonné.

« Sire, lui dit Rapp avec intention, je » crois que la pétition que votre Majesté » tient dans ses mains est adressée à Sa » Majesté le roi de Rome, et que je me » suis trompé ».

— « Ah ! ah ! c'est vrai, reprit l'empe-» reur, cela ne me regarde pas ».

— « Alors, sire, que faut-il faire ? »

— « Parbleu ! la porter à son adresse, » tout de suite. Conduisez Monsieur qui

» aura l'honneur de la présenter lui-même

» à mon fils, vous reviendrez après ».

Un chambellan conduit Rapp et le pétitionnaire devant la petite Majesté.

Le solliciteur ne perd pas la tête ;
voyant la fortune lui sourire, il s'avance
auprès du berceau du prince , et après la
plus respectueuse révérence , déploie son
papier et en lit le contenu à haute et in-
telligible voix.

Après cette lecture , l'enfant-roi ayant
fait entendre quelques sons inarticulés ,
et le pétitionnaire , Rapp et le chambellan ayant salué de nouveau , retournèrent
auprès de l'empereur qui leur dit le plus
sérieusement du monde, aussitôt qu'il les
aperçut :

— « Eh bien ! qu'est-ce que mon fils a répondu ? »

— « Sire, dit Rapp, Sa Majesté le roi » de Rome n'a rien répondu ».

— « Qui ne dit mot consent, reprit » l'empereur ».

Et le protégé de l'aide-de-camp de Napoléon obtint peu de tems après une place de 6,000 fr.

L'éducation première du roi de Rome fût facile à tracer, parce que dès sa plus tendre enfance, il se montra attentif, obéissant et curieux d'apprendre.

Madame de Montesquiou avait pris sur lui un grand empire : elle le devait à la manière tout à la fois douce et grave dont elle le reprenait, quand il faisait quelque faute.

L'enfant était généralement docile ; cependant il entrait quelquefois dans de violens accès de colère.

Sa gouvernante avait adopté un moyen excellent pour l'en corriger : — c'était de demeurer impassible , laissant se calmer d'elles-mêmes ces petites fureurs.

Et puis, quand le jeune prince revenait à lui, une observation, faite d'un ton à la fois sévère et doux , en faisait un petit Caton pour tout le reste de la journée.

Un jour qu'il se roulait à terre en poussant de grands cris, sans vouloir écouter les remontrances de sa gouvernante, celle-ci ferma les fenêtres et les contrevents.

L'enfant que ce changement imprévu de décoration étonne, oublie ce qui l'a-

vait contrarié, et demande à sa gouvernante pourquoi elle agit ainsi ?

— « C'est de peur qu'on ne vous en-
tende. » répond Madame de Montesquiou.

— » Ah! il ne faut donc pas pleurer ?

— » Et encore moins crier ; croyez-
» vous que les Français voudraient d'un
» prince comme vous, s'ils savaient que
» vous vous mettez ainsi en colère ?

— » Crois-tu qu'on m'ait entendu ?

— » Certainement.

— » J'en suis bien fâché. Pardonne
» moi, *Maman Quiou* ». — C'est ainsi
qu'il appelait Madame de Montesquiou.—
« Je ne le ferai plus ».

L'empereur aimait passionnément son
fils ; il le prenait dans ses bras, toutes les

fois qu'il le voyait, l'enlevait de terre avec vivacité, puis l'y reposait pour le reprendre encore, s'amusant beaucoup de sa joie.

Il le taquinait, le portait devant une glace, et lui faisait souvent mille grimaces dont l'enfant riait aux larmes.

Lorsqu'il déjeûnait, il le tenait sur ses genoux, trempait un de ses doigts dans un verre de vin de Bordeaux, puis il le lui faisait sucer.

Un jour, au lieu de vin de Bordeaux, l'empereur trempa son doigt dans la sauce, et s'amusa à en barbouiller le visage de son fils, en riant autant que l'enfant.

La gouvernante voulut gronder : l'empereur rit plus fort ; l'enfant, qui de son côté, prenait plaisir à ce jeu, demanda dans sa joie bruyante que son père en fît autant à *maman Quiou*, car il arrivait à Napoléon, dans ses momens de doux épanchemens, d'être quelquefois plus enfant que son fils.

Quelquefois Napoléon faisait au petit prince quelque plaisanterie qui faisait pleurer l'enfant, alors le père l'embrassait, en lui disant : « Ah! ah? sire, tu » pleures !..... Un roi pleurer! fi, que c'est » laid.... que c'est vilain.... »

Le roi de Rome n'avait qu'un an, lorsqu'un jour, à Trianon, sur la pelouse, devant le château, l'empereur posa la ceinture de son épée sur les épaules de son fils, et son chapeau sur sa tête. Puis se plaçant à distance , il tendait les bras à l'enfant , qui marchait vers lui , en chancelant sous le poids de ce fardeau insolite, les yeux couverts et les petits pieds embarrassés dans l'épée : il fallait voir alors avec quel empressement son père étendait les bras pour lui éviter une chûte.

Une fois , Napoléon, étant dans son cabinet , s'était couché sur le tapis ; son fils à cheval sur ses jambes montait par saccades jusqu'à la poitrine de son père , et lorsqu'enfin il en était arrivé là, il passait ses petits bras autour du cou de l'empereur et l'embrassait.

Un jour le jeune prince arriva dans le salon du conseil, au moment où il finissait : les ministres y étaient encore. L'enfant courut dans les bras de son père, sans faire attention à d'autres qu'à lui. L'empereur le retint en lui disant :

— « Sire, vous n'avez pas salué ces
» Messieurs,.... allons, saluez ! »

Alors l'enfant se retournant, salua les ministres avec grâce en leur envoyant un baiser avec la main, et son père l'ayant aussitôt enlevé dans ses bras, dit à ceux qui l'entouraient :

— « Messieurs, vous en êtes témoins,
» on ne pourra pas dire que je n'ai pas
» appris à mon fils *la civilité puérile et*
» *honnête* ».

Quand il venait voir l'empereur, le roi de Rome courait en avant, dans les appartemens, de manière à laisser sa gou-

vernante bien loin derrière lui , et en arrivant à la porte du cabinet il disait à l'huissier de service :

— « Ouvrez-moi , je veux voir papa.

— » Sire , répondait respectueusement
» l'huissier, je ne puis ouvrir à V. M.

— » Mais je suis le petit roi !

— » Oui Sire , mais je n'ouvrirai pas
» à Votre Majesté , tant qu'elle se présen-
» tera seule ».

L'empereur , lui-même , le voulait ainsi;
mais pendant ce tems Madame de Montesquiou arrivait , et fier alors de la présence de sa gouvernante , il disait :

— « Ouvrez ! le petit roi le veut ».

Et l'huissier annonçait : *Sa Majesté le
roi de Rome.*

CHAPITRE III.

Caractère du jeune prince. — Son attachement pour les personnes qui l'entourent. — Mademoiselle Soufflot. — M. Albert Froment. — Le petit garçon habillé de noir. — L'empereur fait passer une revue au roi de Rome. — Prédilection du prince pour son oncle Joseph. — Supériorité de l'empereur proclamée par le petit roi. — Entrevue avec l'impératrice Joséphine. — Réparties spirituelles du prince.

A mesure que le jeune prince grandissait, on voyait se développer le caractère de sa physionomie qui tenait à la fois de

Marie-Louise et de l'empereur, on admirait déjà ses grands yeux bleus, vifs et fiers, la régularité parfaite de ses traits, ses jolis cheveux blonds, soyeux et bouclés. C'était, en un mot, un fort bel enfant. Mais ce qu'il y avait déjà de plus remarquable en lui, à cette époque, c'était une grande bonté et beaucoup d'attachement pour les personnes qui l'entouraient.

Il aimait surtout une jeune et jolie personne, fille d'une des premières dames attachées à sa mère, Mademoiselle Fanny Soufflot, qui ne le quittait presque pas; il voulait toujours la voir parée; il demandait à l'impératrice ou à sa gouvernante, quelques colifichets qui lui semblaient jolis et qu'il voulait donner *à sa petite amie.*

Il exigeait d'elle, en retour, la promesse de le suivre à la guerre, quand il serait grand, car cet enfant avait des dispositions très-belliqueuses, ainsi que nous le verrons bientôt.

Un jour, on avait laissé auprès du *petit roi*, (comme on a vu qu'il se désignait lui-même) un jeune enfant appartenant aussi à une première dame de Marie-Louise ; c'était M. Albert Froment. Le prince l'aimait beaucoup. Pendant qu'ils jouaient ensemble dans la partie du jardin de Saint-Cloud sur laquelle ouvrait son appartement, Mademoiselle Fanny les surveillait inapperçue, pour ne point gêner leurs jeux. Tout-à-coup le jeune Albert veut prendre la brouette du prince.

Celui-ci résiste.

M. Albert le menace et fait semblant de vouloir le frapper.

Alors le roi de Rome s'écrie :

— « Et si on te voyait !

— » Il n'y a personne, je n'ai pas peur, » répond Albert.

— » Ah! oui, et tu sais bien que je ne » le dirai pas ».

Un jour qu'il était aux fenêtres du château avec Madame de Montesquiou, s'amusant beaucoup à voir passer le monde, il indiquait du doigt à sa gouvernante ce qui attirait le plus son attention, tout-à-coup regardant au bas de la fenêtre, il aperçoit une femme en deuil, qui tenait par la main un petit garçon de trois ou quatre ans, également vêtu de noir.

L'enfant tenait à la main un papier qu'il montrait de loin au prince, comme s'il eut voulu le lui remettre.

Ces vêtemens de deuil intriguèrent fort le jeune prince. S'adressant à sa gouvernante, il lui dit :

— « Pourquoi ce pauvre petit est-il » habillé tout en noir ?

— » Sans doute parce que son papa est » mort, » lui répond Madame de Montesquiou.

Alors le prince ayant manifesté le désir de parler au petit solliciteur, sa gouvernante, qui avait toujours à cœur de favoriser dans son jeune élève cette disposition à la bonté, donna l'ordre d'aller chercher la femme et l'enfant, et de les introduire auprès d'elle.

La dame était veuve d'un brave officier qui avait été tué dans la campagne précédente. Cette perte l'avait réduite à la misère et elle sollicitait une pension de l'empereur.

Le roi de Rome prit la pétition promettant de la remettre à son papa.

Le lendemain il va, comme de coutume, rendre ses devoirs à son père, et lui remet à la fois toutes les pétitions dont il était chargé ordinairement, une seule était à part : celle de son petit protégé.

— « Papa, voici la pétition d'un petit » garçon *habillé en noir* et dont le papa est » mort à cause de toi : il demande une

» pension pour sa maman, car elle a bien

» du chagrin.

— » Ah! ah! dit l'empereur que les

» paroles de son fils avaient ému, tu donnes

» déjà des pensions toi ?... Diable! tu com-

» mences de bonne heure, c'est très-bien ».

Et le brevet en fut expédié dans la journée, avec une ordonnance sur le Trésor,
d'une année d'arriéré. C'était toujours
ainsi que l'empereur en agissait lorsqu'il
accordait une pension à la veuve d'un de
ses officiers.

L'empereur tenait à familiariser de
bonne heure, son fils avec l'appareil militaire, et le bruit des armes; il avait créé
pour lui une compagnie de jeunes enfans
auxquels on apprenait l'exercice, et qui

auraient formé plus tard la garde du roi de Rome. Le jeune prince les aimait beaucoup ; il les appelait ses petits soldats ; et on peut juger de ce qu'aurait été capable de faire un jour le petit bataillon dévoué, si la fortune ne se fût pas chargée de le dissoudre avant que son jeune chef ait pû le commander.

Un matin, l'empereur fit venir son fils à une revue qu'il passait au Champ-de-Mars.

La présence de cet enfant causa un enthousiasme difficile à décrire et qui n'était pas suspect, car il était facile de voir que les cris partaient du cœur: aussi Napoléon fut-il vivement ému.

Il rentra aux Tuileries de la meilleure

humeur ; il caressait le roi de Rome , le couvrait de baisers et faisait remarquer à toutes les personnes de la cour l'intelligence précoce de son fils.

— « Il n'a pas eu peur du tout, disait
» l'empereur , il semblait savoir que tous
» ces braves étaient de la connaissance
» de son père ».

Le petit roi avait une prédilection marquée pour son oncle Joseph , qui souvent se plaisait à le taquiner et à le pousser à bout ; mais le jeune Napoléon était avec lui d'une impassibilité rare , et montrait une patience qui cependant était bien éloignée de son caractère. Un matin , que le prince déjeûnait seul à Saint-Cloud , et que le roi de Rome assistait à son repas , le frère de l'empereur prit son neveu sur ses genoux, en s'amusant à lui faire manger des lentilles une à une. Le rouge montait au visage de l'enfant impatienté, et toute sa physionomie peignait le dépit et l'impatience, mais il ne disait rien. Joseph aurait pu prolonger ce jeu sans craindre que son neveu se fâchât, ce que certainement il n'aurait pas manqué de faire avec tout autre.

Ce prince lui donnait presque tous les jours de nouveaux joujoux choisis parmi ceux qui étaient le plus de son goût; mais l'enfant préférait ceux que lui donnait son père, et lorsque son oncle lui disait : « mais regarde donc, les miens sont plus » jolis ! » — « Non, non, répondait - il ,

» ceux de papa sont bien plus beaux que
» les tiens.... »

Un jour qu'il venait voir l'empereur,
il traverse un salon où, parmi plusieurs
grands personnages, se trouvait le prince
Jérôme. L'enfant passe tout droit sans sa-
luer personne. Le roi de Westphalie l'ar-
rête, le prend dans ses bras, et lui dit :

— « Ne veux-tu donc pas me dire
» bonjour aujourd'hui ?

— » Non, laisse-moi ».

Et le petit prince se débattant, cherche
à s'échapper des bras de son oncle.

— « Et pourquoi ? ajoute Jérôme.

— » Parce que papa avant, c'est l'empereur » !

L'impératrice Joséphine souhaitait vivement de voir le fils de Napoléon ; on sait combien l'amour de Joséphine pour l'empereur était désintéressé, et de quel œil elle voyait tout ce qui pouvait augmenter et surtout consolider sa fortune .... Depuis l'éclatante disgrâce du divorce, elle n'avait cessé de désirer qu'il fût heureux dans son intérieur, et que sa nouvelle épouse lui donnât cet enfant, ce premier-né de la dynastie, dont elle n'avait pu le rendre père.

L'empereur, instruit du vœu formé par Joséphine, ordonna à Madame de Montesquiou de conduire le roi de Rome à Bagatelle où l'impératrice l'attendait, et où il voulut l'accompagner lui-même.

A la vue de cet enfant, Joséphine éprouva

l'émotion la plus profonde. Elle fixa d'abord sur lui ses yeux obscurcis par les larmes, puis elle le prit dans ses bras, et le pressa contre son cœur avec une tendresse toute maternelle. Le petit prince la prit en affection, et se livra à toute la gentillesse et l'amabilité de son caractère. Après avoir joué avec un bijou que portait l'impératrice, et qu'on nommait alors un *charivari*. — Cela

» est beau, dit-il, mais en le donnant à

» un pauvre, il serait riche, n'est-ce pas,

» Madame? — Sans doute. — Eh bien,

» j'en ai vu un dans le bois, voulez-vous

» que je le fasse venir? je n'ai pas d'argent,

» moi, et il a besoin d'un bel habit. —

» L'empereur s'empressera de vous satis-

» faire à ce sujet, répliqua votre A. I,

9

» ne lui demande-t-elle pas sa bourse ?—
» C'est déjà fait, Madame, il me l'a don-
» née en sortant de Paris ; et comme vous
» avez l'air bien bonne, j'ai cru que vous
» feriez ce qui est bien naturel ».

Joséphine lui recommanda de ne pas parler de cette entrevue qui devait rester secrète : « Songez-bien, lui dit-elle, que
» si on apprenait que je suis venue à Ba-
» gatelle, il me serait impossible de vous
» y revoir ».

— » Oh! bien alors soyez tranquille,
» Madame, je ne dirai rien, car je vous
» aime ; promettez-moi, si je suis obéis-
» sant de revenir me voir.

— » Ah! je le désire plus que vous,
» cher enfant » !

Puis après un moment de réflexion, il ajouta : « Mais vous, Madame, est-ce que » vous ne viendrez pas me voir aux Tui- » leries ?

— » Non car cela n'est pas possible !

— » Pourquoi, puisque papa et moi » nous le voulons » ?

On voit qu'il y avait déjà dans cette tête si jeune une sorte d'instinct de commandement et de puissance de volonté, qui annonçaient ce que ce prince aurait été sur le trône.

L'empereur, pendant toute cette scène, était enchanté ; il admirait son fils, et remerciait tendrement Joséphine de l'affection qu'elle lui témoignait. Ce fut un véritable jour de bonheur pour lui.

Il fallut enfin se séparer.

L'entrevue avait été courte, mais qu'elle avait été bien remplie! ce fut alors qu'on pût juger par la joie de Joséphine, de la sincérité de son sacrifice, en même tems que, par quelques soupirs étouffés, on en pût comprendre toute l'étendue.

L'impératrice revit encore plusieurs fois le jeune prince.

Cependant l'enfant grandissait, un mot indiscrétement bégayé par lui, un souvenir, quelque chose de moins encore pouvait porter ombrage à Marie-Louise, qui redoutait Joséphine. L'empereur voulut prévenir cette contrariété, qui aurait pu porter atteinte à sa tranquillité domestique.

Il ordonna donc que les visites à Baga
telle ou à la Malmaison devinssent plus
rares d'abord ; et bientôt après on les sup-
prima tout-à-fait.

Joséphine ne vit le roi de Rome que
trois ou quatre fois, quoique cette princesse eût dit à cette occasion que sa naissance et sa vue l'avaient dédommagée de
tous les sacrifices qu'elle avait faits.

Il est vrai que jamais dévoûment de
femme ne fut ni plus désintéressé ni plus
complet que le sien.

CHAPITRE IV.

Mais le tems approchait où l'*étoile* de l'empereur allait pâlir, et bientôt s'effacer pour jamais. A la désastreuse campagne de Russie, succéda la campagne de Saxe où après quelques succès glorieux, périrent les restes de ces vieilles phalanges qui avaient si longtems enchaîné la victoire.... Napoléon accablé par des revers successifs, se vit contraint d'abandonner l'Allemagne après cette bataille de Leipsick qui fût suivie de la défection de presque tous les alliés de la France.

Le héros accourut à Paris pour faire un nouvel appel au dévoûment et à l'énergie de la nation, et se prépara bientôt à repartir pour aller se mettre encore une fois à la tête de ses armées. Prévoyant combien en l'absence de presque tous les corps militaires, la garde nationale pourrait rendre de services au pays, il voulut en réunir les officiers, et les haranguer avant de partir.

Cette réception se fit dans la grande galerie des Tuileries (1) :

La réception fut imposante, mais triste.

L'empereur se présenta à l'assemblée avec l'impératrice, et tenant par la main le roi de Rome, âgé de trois ans. Il parla noblement des malheurs de la patrie, de la nécessité de s'unir pour empêcher l'étranger de pénétrer dans le cœur de la France, et pour maintenir l'intégrité du territoire ; puis s'adressant directement aux officiers qui l'entouraient « En quit-

(1) Mémoires de Bourrienne.

» tant la capitale, leur dit-il, je laisse
» avec confiance sous votre garde l'impé-
» ratrice et le roi de Rome, ma femme et
» mon fils sur lesquels sont placées toutes
» nos espérances. Je vous laisse tout ce
» que j'ai de plus cher au monde, après
» la France, et le remets entre vos mains ».

La garde nationale se montra digne de cette haute confiance, et jusqu'au dernier moment défendit avec honneur et courage le dépôt sacré légué à sa fidélité.

Jamais l'empereur ne fut plus grand que dans cette immortelle campagne de France, où il défendit le terrain pied à pied, se portant avec une rapidité sans exemple sur tous les points menacés, et se mettant immédiatement à la tête des troupes qu'il y rencontrait, et où sa seule présence valait une armée. Mais malgré tous ces prodiges, les masses innombrables de soldats lancés sur la France, grossissaient chaque jour, avancaient de tous les côtés, et menaçaient déjà la capitale elle-même.

Le danger devenant plus pressant, il fallut que l'impératrice investie de la régence prit un parti définitif. L'histoire lui reprochera comme une preuve d'incapacité ou de faiblesse, d'avoir abandonné Paris, et les braves qui le défendaient encore, pour se réfugier à Rambouillet et ensuite à Blois, où sa présence fut complettement inutile; tandis qu'à Paris, sur son trône, et son fils dans ses bras,

Marie-Louise eut peut-être sauvé l'empire !.....

Il ne fallait au génie de Napoléon qu'une occasion et un coup hardi pour faire changer la face des choses, et ramener la victoire sous ses drapeaux ; trois jours encore et cette occasion se serait trouvée sous les murs de la capitale.... Mais la fuite de l'impératrice a tout perdu.

Peut-être devons-nous dans cette funeste circonstance, faire aussi la part de l'inexpérience d'une jeune femme, dont le caractère n'était pas à la hauteur d'une pareille mission, qui ne trouva pas alors dans les conseillers dont elle était entourée, l'appui qui lui était nécessaire pour prendre une grande résolution, et pour l'exécuter avec courage et fermeté. Toujours est-il que les plus grands malheurs de la France datent de ce départ, et c'est une funeste page pour notre histoire.

On raconte qu'au moment de monter en voiture, le jeune Napoléon, qui cependant était accoutumé à faire de fréquents voyages à Saint-Cloud, à Compiègne ou à Fontainebleau, ne voulut pas quitter sa chambre, poussant des cris, se roulant par terre, et disant qu'il voulait rester *chez papa*.

Ce fut en vain que Madame de Montesquiou lui promettait de nouveaux joujoux : dès qu'elle le voulait prendre par la main pour l'emmener, il recommençait à se rouler et à crier. Il fallut l'enlever de force pour le porter dans la voiture de sa mère.

Ne dirait-on pas qu'un secret pressenti-
ment , indéfinissable pourtant dans un âge
si tendre , lui faisait comprendre tout ce
qu'il y avait de sinistre dans ce brusque départ, et l'avertissait qu'il allait quitter pour
ne plus le revoir ce palais témoin des pompes et des jeux de son enfance !

En passant par Orléans, où la cour fugi-
tive s'arrêta quelques instans , on présenta
au petit roi quelques enfans des personnes
notables de la ville , qu'on admit à jouer
avec lui pour lui procurer quelques distractions. Cet aimable enfant, parcourant avec
vivacité le cercle joyeux qui s'était formé
autour de lui, distribua quelques bonbons à
ses petits compagnons ; puis il ajouta : « Je
» voudrais bien vous en donner davantage ,

» mais je n'en ai plus, ce vilain roi de » Prusse m'a tout pris. » Et en disant cela, la physionomie du petit prince prit une teinte de tristesse et de gravité, qui frappa tous les assistans, et fit couler les larmes de sa mère (1)...

Le 7 avril, l'impératrice connut le malheur de la France dans toute son étendue. L'abdication de l'empereur, qui suivit de près, lui fut bientôt transmise. Cet acte était ainsi conçu :

« Les puissances alliées ayant proclamé » que l'empereur Napoléon était le seul ob-

(1) L'auteur de ce livre était au nombre des enfans qui recurent les bonbons du roi de Rome, il lui a entendu dire les paroles qu'il rapporte ici, et qui ne sont jamais sorties de sa mémoire.

» stacle au rétablissement de la paix en Eu-
» rope, l'empereur Napoléon, fidèle à son
» serment, déclare qu'il renonce, pour lui et
» ses héritiers, aux trônes de France et d'Ita-
» lie, et qu'il n'est aucun sacrifice person-
» nel, même celui de sa vie, qu'il ne soit
» prêt à faire à l'intérêt de la France. »

En lisant ces solennelles paroles, Marie-Louise comprit que son rôle était terminé; elle regretta vivement alors de n'être pas restée à Paris... Mais il était trop tard, et elle ne songea plus qu'à retourner à Vienne avec son fils, reprendre le rang d'archiduchesse, titre bien obscur pour une impératrice de France, pour la femme de Napoléon!

Parmi les personnes qui l'accompagnèrent, je citerai Madame de Montesquiou, qui avait promis de se consacrer tout entière à l'éducation du jeune prince, Madame de Brignolé, dame-d'honneur, Mesdemoiselles de Sorbec, Rabusson et Soufflot, MM. de Menneval et de Beausset. Madame de Montebello, le général Cafarelli, le baron de Saint-Aignan, les docteurs Corvisart et Lacourner suivirent S. M. jusqu'à Vienne, mais la quittèrent pour revenir en France, au mois de juillet suivant.

Pendant toute la durée du voyage, le petit Napoléon ne cessa presque point de pleurer, en demandant *pourquoi on ne voulait pas lui laisser embrasser son papa?*

Ces réflexions d'enfant sans cesse renouvelées brisaient l'âme déjà flétrie de l'impératrice. Aussi prit-on le parti de faire voyager le roi de Rome dans une voiture à part avec sa seule gouvernante.

Ah! je vois bien que je ne suis plus le petit roi, dit le même jour le jeune prince, *car je n'ai plus de pages!* (1)

Accoutumé à jouer avec ceux qui étaient de service auprès de lui, il avait bien remarqué leur absence. Ses jeux perdus et les baisers de son père..... tels étaient alors les seuls objets de ses regrets!

L'impératrice et son fils occupèrent le palais de Schœnbrunn, et l'existence monotone que leur petite cour y tenait, for-

(1) Extrait du livre de M. Saint-Hilaire, page de S. M.

mait un singulier contraste avec la vie agitée, bruyante et fastueuse de la cour impériale et du château des Tuileries.

Mais un grand événement allait y reten-
tir et faire renaître pour l'impératrice et son
fils de glorieuses espérances...

Ce fut dans la soirée du 5 mars 1815 que
la nouvelle du débarquement de l'empereur
sur les côtes de la Provence parvint à Vienne.

Ce jour-là, il y avait réception chez
l'impératrice d'Autriche, et le plaisir avait
jusqu'à un certain point banni l'étiquette,
lorsque tout-à-coup une rumeur sourde,
grave, mystérieuse, ne circulant, dans le
premier moment, que parmi les plus grands
personnages, imprima un refroidissement
confus aux plaisirs de la soirée.....

Des groupes se forment , les oreilles se prêtent aux confidences ; les deux empereurs d'Autriche et de Russie , ainsi que les rois de Prusse et de la confédération du Rhin , forment un groupe à part : le respect fait tenir à distance les nombreuses altesses dont les regards sont fixés sur ces divinités terrestres. On sent que de ce groupe va jaillir un de ces arrêts suprêmes qui lancent la foudre et ébranlent le monde. Enfin on se sépare et chacun emporte avec soi matière à réflexions et à projets.

On calcula qu'il s'élèverait en France des obstacles au retour de Napoléon , et qu'il en résulterait peut-être une guerre civile , laquelle amènerait nécessairement l'intervention des étrangers et par suite le partage

facile des plus belles provinces de la France.
Mais deux grandes circonstances dérangè-
rent toutes ces combinaisons ténébreuses ,
si elles ont existé : l'une fut le voyage mira-
culeux de l'empereur , depuis l'île d'Elbe
jusqu'à Paris ; l'autre, après les funérailles
de Waterloo, la rapidité du retour de Louis
XVIII dans sa capitale.

Ce retour n'eut pourtant pas lieu sans
difficultés, et il s'en fallut de bien peu que
les portes de Paris ne fussent fermées encore une fois, et alors sans retour, aux des-
cendans de Henri IV et de saint Louis.

Ce fut alors en effet que fut proclamé
Napoléon II empereur des Français, et si
l'on n'eût pas vu alors tant de bassesses ,
d'intrigues , de perfidies et de lâchetés, le

jeune prince fût monté sur ce trône tant de fois ébranlé, et peut-être y serait-il encore aujourd'hui.

Ce fait historique est tellement important que nous croyons devoir entrer ici dans quelques détails sur l'une des scènes les plus dramatiques de cette épopée nationale ; c'est de cette époque qu'appartient au fils de l'empereur le titre impérial de Napoléon II, qu'aucun événement ultérieur n'a pu lui ravir, et qu'il emporte avec lui dans la tombe.

La nouvelle du désastre de Waterloo jeta tous les esprits dans la plus profonde consternation, et dès ce moment les ennemis de l'empereur se prononcèrent hautement contre lui.

Cependant il revint immédiatement à Paris.

Le duc de Vicence n'hésita pas à lui dire qu'il régnait une grande fermentation dans les esprits, que peut-être les chambres ne seconderaient pas ses intentions, et qu'il eût mieux fait de rester à l'armée.

« Je n'ai plus d'armée, dit Napoléon avec »un accent de désespoir; je retrouverai des »hommes, mais comment les armer? Ce- »pendant tout pourra se réparer. J'espère »que les députés me seconderont, vous »avez mal jugé de leur esprit; la majorité »est bonne, française. Je n'ai contre moi »que la Fayette, Lanjuinais et Flaugergues; »je les gêne, ils voudraient travailler pour »eux; ma présence les contiendra. »

Napoléon se trompait...... Le conseil des ministres qu'il avait convoqué ne répondit pas à son attente et à la hauteur de ses vues; il n'y fut question que des mauvaises dispositions de la Chambre des Députés, et du douloureux sacrifice qui serait peut-être imposé à l'empereur. Ce sacrifice était l'abdication.

C'est en effet la principale, je dirai presque la seule question qui fut agitée dans les chambres; une commission extraordinaire fut nommée pour faire un rapport d'urgence sur les mesures à prendre dans l'intérêt du salut public (1).

(1) J'ai consulté, pour les détails relatifs à l'abdication, l'histoire de la Restauration, par un

La commission se réunit dans la soirée du 21. Le prince Lucien, qui la présidait , avait déclaré, en ouvrant ses séances, « que l'empereur était prêt à tous les sacrifices que la France pourrait exiger, même à l'abdication. Mais que pour recourir à cette ressource extraordinaire , il était convenable d'attendre , dans l'intérêt de la France elle-même, le résultat des ouvertures qui seraient faites aux alliés. »

M. de la Fayette déclara « que les mesures proposées ne répondaient point, selon lui, à l'attente générale ; le moyen le plus sûr et le plus prompt résidait exclusive-

homme d'état, ouvrage d'une haute portée, et dont le succès va toujours croissant.

ment dans l'abdication de l'empereur. »

Cette opinion d'un esprit préoccupé ne triompha pas; la majorité proposa de déclarer qu'une commission, nommée directement par les deux chambres, serait chargée de négocier avec les puissances coalisées, aux conditions de respecter l'indépendance nationale et l'intégrité du territoire.

Le rapport en fut fait dans la séance du 22 juin par le général Grenier; il excita des murmures dans la chambre. « Cela ne suffit pas, s'écriait-on de toutes parts. » Les esprits n'étaient pleins que de l'abdication de l'empereur : il semblait que, si on l'obtenait, la patrie était sauvée.

« Les alliés ont hautement déclaré qu'ils

ne traiteraient jamais avec nous, tant que nous aurions Napoléon à notre tête : voulez-vous nous exposer à voir une armée s'avan-cer vers la capitale et nous imposer cette ancienne famille......

— « Point de Bourbons , s'écrie-t-on, engageons l'empereur à abdiquer ! »

« Envoyons une commission pour lui ex-primer l'urgence de sa détermination ! »

— Nous voulons tous sauver la patrie , continua le général Solignac , mais conser-vons l'honneur et la liberté du chef de l'état. Je ne demande qu'une heure : si je suspen-dais cet acte jusqu'à ce soir , demain on pourrait m'opposer quelques considéra-tions ; — mais une heure ! ! !

Alors on entendit encore la voix de M. de

la Fayette s'acharnant au cadavre glorieux de Napoléon : « Si alors le message d'abdication n'est pas arrivé, je demanderai la déchéance. »

La séance fut suspendue.

Cependant Napoléon avait compté sur l'appui de la chambre des pairs ; les pairs lui manquèrent aussi ; ce dernier appui lui échappa. Toute la journée du 21 s'était passée en pourparlers, en conférences sur l'utilité de son abdication. Ses plus intimes conseillers le sollicitaient d'abdiquer... Une dernière considération le détermina. Le duc d'Otrante avait donné sa parole au roi Joseph de faire proclamer le roi de Rome. « Si l'empereur abdique, avait dit Fouché, cela va sans dire, le roi de Rome sera pro-

clamé : n'est-ce pas notre intérêt à tous ?...
Enfin, lui dit Napoléon, écrivez à vos amis,
à ces Messieurs, qu'ils se tiennent tranquil-
les, ils seront satisfaits. » Fouché n'y man-
qua pas. Un billet écrit à MM. Jay, la Fayette
et Lanjuinais, les invitait à maintenir la
chambre dans le calme, que l'acte tant dé-
siré allait enfin arriver.

Il fallait ces assurances pour comprimer
cette lâche mutinerie de quelques-uns des
membres de la majorité contre le malheur.
Ils insultaient le ministre de la guerre Da-
voust, accusé d'avoir voulu marcher sur la
représentation nationale ; enfin, l'heure à
peine écoulée, un murmure de contentement se manifeste ; on entend ces mots :
« L'empereur abdique ; plus de Bourbons,

point de Bourbons ; il abdique au profit de la nation. » Alors le président, d'une voix émue et grave, fit lecture de la pièce suivante : « Français ! en commençant la »guerre pour soutenir l'indépendance na-»tionale, je comptais sur la réunion de tous »les efforts, de toutes les volontés, et sur le »concours de toutes les autorités du pays ; »j'étais fondé à en espérer le succès, et j'a-»vais bravé toutes les déclarations des puis-»sances contre moi. Les circonstances me »paraissent changées. Je m'offre en sacrifice »à la haine des ennemis de la France. Puis-»sent-ils être sincères dans leurs déclara-»tions, et n'en vouloir réellement qu'à ma »personne ! Ma vie politique est terminée, »et *je proclame mon fils sous le nom de Napo-*

» *léon II, empereur des Français!* Les ministres
» actuels formeront le conseil de gouverne-
» ment. L'intérêt que je porte à mon fils
» m'engage à inviter les chambres à orga-
» niser sans délai la régence par une loi.
» Unissez-vous tous pour le salut public,
» et pour rester une nation indépen-
» dante. »

A la lecture de cette pièce écrite de la
main du prince Lucien, ce ne fut que joie
et trépignemens dans la chambre...

Et quoiqu'aient pu faire ensuite la tra-
hison, l'intérêt personnel, la faiblesse et la
cupidité,... il est incontestable, aux yeux de
la France et de la postérité, que le fils de
l'empereur, proclamé par son père à la face
des représentans de la nation, et avec leur

assentiment , doit être inscrit au livre de notre histoire sous le titre de

NAPOLÉON II,

EMPEREUR DES FRANÇAIS.

On croyait que tout était terminé ; que la patrie était sauvée ; que le seul obstacle pour négocier avec un gouvernement improvisé avait enfin disparu ; que les alliés ne feraient désormais aucune opposition ; qu'il n'y aurait qu'à vouloir pour obtenir un traité!... Pauvres têtes politiques!... qui ne voyaient pas qu'en renversant le seul point, la seule unité militaire qui pouvaient réunir l'armée et la population, elles se livraient pieds et poings liés à la coalition ; elles croyaient très-sérieusement obtenir, sans les Bourbons, l'indépendance de la patrie et l'intégrité du territoire, comme si l'Europe avait armé 800,000 hommes sans espérer d'indemnité, sans rétablir le principe d'ordre et de paix en Europe, renversé au 20 mars.

Il n'y avait que deux partis à prendre : ou maintenir Bonaparte, et poursuivre une guerre nationale ; ou proclamer les Bourbons, et prévenir ainsi l'occupation armée. La chambre des représentans, conduite par des chefs incapables et haineux, se jeta en dehors de ces deux seules combinaisons possibles. Qu'arriva-t-il ? C'est que tout essoufflée de déclamations et jouée par les habiles, elle se fit mettre à la porte par un piquet de landwher prussienne.

On connaît toutes les manœuvres que la faction des *habiles* (expression polie dont on se servit alors pour désigner des hommes auxquels une autre qualification convenait beaucoup mieux) fit jouer, pour neutraliser le généreux sacrifice de l'empereur, et arracher à son fils une couronne qu'on avait juré de consolider sur sa tête.

Les roueries politiques de cette époque, la déconvenue du parti républicain pour lequel le 22 juin fut la journée des dupes, l'éloquente et chaleureuse indignation de l'infortuné Labédoyère, le patriotisme de Lucien, de Regnault de Saint-Jean-d'Angely, de Defermon, de Boulay de la Meurthe, luttant tous, avec persévérance, et en quelque sorte corps à corps, pour le soutien des droits du jeune Napoléon ; enfin le triomphe de Fouché et du parti des Bourbons, l'occupation armée, et la France devastée.... Toutes ces scènes mesquines ou grandioses, piquantes ou funestes, mais toujours variées, forment une partie essentielle de ce grand drame des tems modernes qui eut pour dénoûment l'exil et la mort des deux Napoléons.

Avant de terminer ce chapitre , nous ne pouvons nous empêcher de rappeler que l'un des motifs d'exclusion qu'on fit valoir contre le jeune Napoléon fut *qu'on ne pouvait consentir à reconnaître pour souverain un prince qui ne résidait pas même en France.* (1).

(1) Paroles de M. de Pontécoulant à la Chambre des Pairs.

Elles étaient donc bien coupables, au moins bien funestes, cette apathie, cette mollesse qui retenaient Marie - Louise à Schœnbrunn, pendant que son époux ne désespérait pas encore de la fortune de la France, et qu'on y discutait les droits de son fils !

Napoléon, pendant la courte période de son règne, s'attendait, à chaque instant, à voir arriver aux Tuileries l'épouse de son choix avec ce fils qui lui était si cher et pour lequel il avait tout osé.... Il comptait fermement et de bonne foi sur cet événement qui eut enivré son âme et peut-être changé tout-à-fait la face des affaires..

Mais hélas! il faut le dire, au palais de Schœnbrunn tout était calme et silencieux. Aucune idée, aucun projet ne vint répondre aux vœux les plus chers de Napoléon, et c'est là le reproche le plus grave que l'inflexible histoire adressera à l'impératrice. Elle était épouse, elle était mère.... et son âme est restée froide, sans désirs, sans énergie et sans but.... en face de la gloire promise à son fils, en présence du malheur qui frappait la tête de son époux..... et quel époux grand Dieu !.... Napoléon !!!

Si son cœur, après le dernier coup qui vient de la frapper, peut battre encore à l'aspect d'une grande infortune, et au spectacle de la vertu luttant contre l'adversité, de quels sentimens Marie-Louise ne doit-elle pas être agitée, en voyant une femme, mère comme elle, plus faible qu'elle, mais courageuse et forte d'énergie, s'exposer à tous les périls, braver tous les obstacles, pour soutenir les droits de son fils, et maintenir la couronne de France sur la tête d'un enfant....

Oui, quelque soient notre opinion, nos vœux, et nos convictions politiques à tous, il n'est pas un Français, digne de ce nom, qui ne comprenne et n'admire cet héroïque dévoûment d'une mère.....

C'est qu'en France, il suffit de faire preuve de courage et de vertu pour exciter de la sympathie; tandis qu'on n'a que mépris et pitié pour la pusillanimité, la faiblesse et la peur.

CHAPITRE V.

Le jeune Napoléon à Schœnbrunn ignore les événemens de 1815. — Il s'aperçoit de son changement de fortune. — Ses questions au sujet du titre de duc de Reichstadt. — Conduite de l'impératrice Marie-Louise. — Le jeune duc ne veut pas que sa mère reçoive le prince de Ligne qui a trahi son père. — Il se réconcilie avec lui. — Réflexions du duc, en voyant passer le convoi du général Belmott. — On nomme au prince un gouverneur et deux instituteurs. Leurs portraits. — Départ de Madame de Montesquiou ; Affliction du prince en la quittant. — Première éducation donnée au duc par ses instituteurs. — On lui fait le récit de l'étonnante histoire de son père. — Enthousiasme et paroles remarquables du prince. — On le conduit sur les champs de bataille de Wagram et d'Austerlitz. — Impression profonde que le duc reçoit de ces nouvelles lumières. —Direction donnée à ses idées. — On lui fait comprendre

Le jeune Napoléon avait ignoré le retour de son père en France, la nouvelle levée de boucliers à laquelle le héros n'avait pu résister, et tout ce grand épisode de 1815 qui tient une place si importante dans nos fastes politiques. Ce ne fût que plus tard, lorsque son intelligence fut développée, qu'on déroula devant lui ce vaste et imposant tableau d'histoire qui le frappa d'étonnement et d'admiration. Mais alors il n'apprit le changement survenu à sa fortune qu'en voyant une nouvelle cour, des uniformes étrangers et de nouveaux visages autour de lui, spectacle plus curieux qu'affligeant pour un enfant qui n'en pouvait comprendre alors toute la portée, quoiqu'il lui arrivât souvent de faire des remarques véritablement au-dessus de son âge, ainsi qu'on l'a déjà vu.

Ce qui l'étonna beaucoup fut de s'entendre appeler *monseigneur, votre altesse*, lui qu'on ne qualifiait jamais que de *sire, votre majesté.*

Ce ne fut qu'en 1818, que l'empereur lui conféra le titre de duc de Reichstadt. Lorsqu'on le conduisit chez son aïeul, et qu'on annonça : *S. A. le duc de Reichstadt.*

« Quel est ce nouveau duc, demanda-t-il?

— » Monseigneur, c'est vous-même; » c'est le titre que S. M. l'empereur Fran- » çois, votre aïeul, vous a conféré.

— » Eh! pourquoi donc? Est-ce que ce » n'est pas plus beau d'être roi de Rome? » J'aime mieux qu'on m'appelle *roi de Rome,* » comme autrefois.

— « Mais, monseigneur, cela ne se peut » plus.

— » Pourquoi, si je le veux ?

— » Monseigneur, on vous expliquera
» cela plus tard.

— » Je veux qu'on me l'explique tout
» de suite. »

Et l'interlocuteur fort embarrassé ne savait
comment se tirer de ce mauvais pas, lorsque
l'empereur François vint au-devant de son
petit-fils, le prit dans ses bras, le combla
de caresses, et lui promit de satisfaire sa
curiosité dans quelques jours, s'il était bien
raisonnable.

Les quelques jours se passèrent ; l'enfant
s'accoutuma à son nouveau nom, et les
distractions dont on l'entoura lui firent
oublier l'explication à laquelle il paraissait
tenir si fortement.

Marie-Louise, devenue duchesse de Parme, s'enferma avec son fils au palais de Schœnbrunn, qu'elle habita jusqu'au jour fixé par l'empereur son père pour qu'elle se rendît dans ses nouveaux états. Elle différa son départ aussi longtems que cela lui fût possible; et quand le moment de la séparation fut arrivé, elle se promit bien d'adoucir ce que cette nécessité avait de pénible pour elle, en faisant de fréquents voyages de Parme à Vienne, où son fils fut toujours l'objet de ses plus tendres affections.

Depuis, d'autres liens dont nous ne parlerons pas, et qui malheureusement pour la gloire de l'impératrice ne sont que trop connus, parurent réfroidir le cœur de cette princesse, et on dit même que le jeune duc en fût profondément affligé..... Mais il faut reconnaître, à la louange de Marie-Louise, que lorsqu'elle apprit la maladie du prince, elle retrouva toute sa tendresse pour lui, accourut à Schœnbrunn, se plaça au chevet du lit du mourant, ne le quitta plus, et adoucit autant qu'il dépendait d'elle par ses soins, son ingénieuse prévoyance et l'effusion de son cœur maternel, l'amertume des derniers momens de son bien-aimé fils.

Mais revenons à l'enfance de ce malheureux prince.

Il avait à peine cinq ans, lorsqu'un chambellan de l'archiduchesse Marie-Louise annonça le vieux feld maréchal prince de de Ligne, ce représentant si spirituel de la dernière société polie de l'Europe. — « Maman, s'écrie aussitôt l'enfant qui se » lève avec une sorte de vivacité nerveuse, » ne le reçois pas, ne le reçois pas, c'est un » de ces maréchaux qui ont trahi mon » père (1) ».

Pourtant cette petite colère d'enfant si expressive et si noble ne pût tenir contre l'amabilité et les séduisantes cajoleries du vieux maréchal, qui fût bientôt compté au nombre de ses meilleurs amis.

Un jour ce prince était près de lui lorsque vint à passer le convoi du général Belmott, mort à Vienne, et auquel on fit

(1) Précis de M. Fayot.

de magnifiques funérailles; le jeune Napoléon, en voyant ce cortége, exprimait au
prince de Ligne le plaisir qu'il éprouvait à
l'aspect de tant de belles troupes.

— « A ma mort, vous verrez bien autre
chose, lui dit gaîment le prince, l'enterre-
ment d'un feld maréchal de l'empire est
tout ce qu'on peut voir de plus beau en ce
genre. »

— « Alors à la mienne, répliqua le jeune
» Napoléon, qu'est-ce que ce sera donc ?

— » Ma foi, on ne sait pas.

— » Vous avez raison, car il n'y aura
» peut-être personne (2) ! »

Cependant l'époque était arrivée où l'em-

(1) Souvenirs de M. de Saint-Hilaire.

pereur d'Autriche jugea convenable de changer le système d'éducation du prince, confié jusqu'alors aux soins éclairés de Madame de Montesquiou.

Ce fut le 10 avril 1816 que ce changement s'opéra. Le comte Maurice Dietrichstein fut nommé gouverneur du prince; c'était un personnage remarquable par une instruction solide, l'aménité de ses mœurs et l'extrême politesse de ses manières.

Deux autres personnes, également recommandables par leurs talens et leur mérite, furent chargées de son instruction : c'étaient M. de Forti, officier-supérieur du génie militaire, originaire du Tyrol italien, et M. Collnis, frère du célèbre poète de ce nom, tous les deux littérateurs et savans.

Ce nouveau service fut installé à Schœnbrunn, après le départ de Marie-Louise et
de madame de Montesquiou.

Ce ne fut pas sans une vive affliction que
le jeune duc se sépara de sa gouvernante
chérie; il lui fît promettre qu'elle viendrait
souvent le voir à Vienne, et en l'embrassant tendrement au moment du départ :
« Maman, lui dit-il, tu vas revoir la France;
» ah! que je voudrais aller avec toi; mais
» bon papa dit que cela ne se peut pas....
» Aussi, quand je serai grand, va, sois
» tranquille, j'irai bien t'y voir tout seul ».

Hélas! le pauvre enfant n'eut jamais ce
bonheur.

Dès ce moment, l'éducation du prince
fût suivie avec un soin tout particulier; et

comme c'est l'usage chez les princes allemands, on lui donna une direction plus solide que brillante. Le jeune duc, ainsi qu'on le verra plus tard, profita parfaitement de l'instruction qu'il reçut, et la vivacité de son esprit suppléa à ce qu'on avait omis, peut-être à dessein, du côté de la grâce et de la légèreté.

On nous l'avait toujours, dans les feuilles périodiques et dans les écrits de tout genre parvenus jusqu'à nous, présenté comme plongé dans une ignorance absolue de son origine, de son sort, et de l'étonnante destinée de son père. Cette fausse opinion existait encore chez nous en 1829, époque à laquelle un littérateur plein de verve et de talent, écrivait les

pages remarquables qui servent d'introduction à notre livre, ces pages où l'on
attribue à l'indiscrète malignité de l'infant
D. Miguel, la subite révélation qui vint
désiller les yeux du jeune prince, et lui
dévoiler le mystère de sa naissance.

C'était une grave erreur dont on commence à revenir, et qu'il faut détruire complètement.

Tant que dura l'enfance du duc de
Reichstadt, on le laissa sur ce point livré
au vague de ses souvenirs, et on répondait
à ses questions, à cet égard, d'une manière
simple mais réservée, et qui ne l'engageait
pas à s'y appesantir.

Mais lorsqu'on trouva sa petite tête assez
bien organisée pour recevoir d'une manière

fructueuse les élémens de la science historique, et son jeune cœur assez formé pour
s'intéresser à la gloire et aux malheurs de
sa famille ; ce majestueux récit servit de
texte à la plus intéressante leçon qu'on lui
ait jamais donnée (1).,.... Son précepteur
entra franchement et sans détour dans la
narration vive et hardie de cette sublime
épopée, de cette illiade moderne dont
Bonaparte fût le héros, et qui laissait loin,
bien loin en arrière, tout ce que l'enfant
avait lu dans ses livres sur les fameux combats des Grecs et des Romains.

Muet de surprise et d'admiration, le

(1) Communications de M. le comte Rodolphe
d'Appony.

jeune prince écoutait encore, lorsque déjà son précepteur avait cessé de parler.....
Puis tout-à-coup sortant de sa rêverie, et frappé comme d'une inspiration subite....
« Oh ! répétez, répétez-moi, je vous en prie,
« le récit de ces grandes batailles, où mon
« père fût tant de fois vainqueur ! Dites-
» encore cette merveilleuse guerre d'Egypte,
» et ces pompes de ma naissance où les rois
» de l'Europe étaient assis autour de mon
» berceau ! »

Et le digne précepteur, électrisé, en quelque sorte malgré lui, au souvenir de ces prodiges, partageant involontairement l'enthousiasme du noble enfant, recommençait avec feu le récit de cette fabuleuse histoire, et ne s'apercevait point qu'il allumait

13*

dans ce jeune cœur une flamme brûlante que toute la prudence et le flegme germanique ne purent jamais parvenir à étouffer.

Le duc de Reichstadt était alors âgé de douze ans.

Enchanté de ses progrès, et avec le consentement formel de l'empereur François, le comte Maurice de Dietrichstein conduisit un jour le jeune prince, sur les champs de bataille d'Austerlitz, et une autre fois sur celui de Wagram. Profitant alors habilement de l'impression profonde que ce spectacle produisait sur l'âme de son élève, le comte Maurice lui fit comprendre combien il fallait peu se glorifier des faveurs de la fortune, puisque son illustre père après avoir été si puissant et si victorieux, avait éprouvé à son tour les coups de la plus cruelle adversité.

Dès ce moment le duc de Reichstadt en savait plus qu'aucun enfant de son âge ; aussi son esprit précoce lui faisant vivement apprécier la gloire de son père , son infortune , et la position bizarre dans laquelle le sort l'avait placé.... une habitude presqu'involontaire de méditation s'empara de son âme, grandit avec lui , l'éloigna insensiblement des jeux bruyans de l'enfance qui lui devinrent insupportables , et répandit sur son visage une expression de mélancolie qu'il conserva jusqu'au tombeau.

Quand on eut ainsi déroulé devant le

jeune Napoléon le tableau merveilleux de l'histoire du passé, on mit le plus grand soin à lui rendre le présent tolérable, et à éloigner de lui toute idée d'ambition pour l'avenir. On s'attacha à lui faire comprendre que sa position était désormais fixée à la cour d'Autriche, et qu'il ne devait jamais songer à s'approcher de la France, encore moins à ressaisir la couronne impériale. On évita dès lors toutes les occasions d'exalter son imagination, on écarta toutes les personnes dont le contact ou les communications intempestives auraient pu présenter quelque danger, et on l'accoutuma peu-à-peu à regarder l'ordre de choses établi en Europe comme l'œuvre de la providence, comme une

nécessité fatale contre laquelle tout effort se briserait impuissant (1).

Il arriva ainsi jusqu'à l'âge de dix-neuf
ans, époque mémorable où son genre de
vie changea brusquement, où ses idées
prirent une autre direction, et où les
combats intérieurs de son intelligence a-
menèrent la crise si funeste dont nous
parlerons bientôt.

Jetons encore, avant d'y arriver, quelques regards sur les jeunes années de
cette vie si courte et pourtant si intéressante.

Le tems de son travail était partagé
entre l'histoire, la géographie, l'étude des

Communications de M. le comte d'Appony.

langues, et plus tard celle des mathématiques. Il se livra d'abord avec une telle ardeur à cette dernière science, que sa santé en fut altérée. Il fallut modérer ce zèle, et en suspendre l'effet pendant quelques jours.

Ses progrès dans la connaissance des langues furent extrêmement rapides ; il parlait l'allemand, le français et l'italien avec beaucoup de pureté, et sans aucun accent. La langue polonaise lui était aussi familière que le français, et il s'y exprimait avec plaisir.

L'exercice du cheval lui procurait une agréable et utile distraction ; mais quoique très-bon cavalier, il se fatiguait promptement, ce qu'on peut attribuer à la fougue de son caractère, et à l'ardeur extrême qu'il mettait au plaisir comme au travail.

A ce propos, qu'il me soit permis de citer un trait piquant de ce jeune prince. Il n'avait encore que huit ans lorsqu'il reçut sa première leçon d'équitation. On lui amena un petit cheval montagnard fort joli, très-vif, et tout-à-fait convenable pour sa taille. — « Je ne veux » pas monter sur ce cheval-là, dit-il aussi- » tôt d'un ton très-prononcé.

— » Et pourquoi, monseigneur ?

— » Parce qu'il est trop petit; je veux un » grand cheval comme celui de papa, pour » aller à la guerre et courir bien fort. »

Ce ne fut pas sans peine qu'on pût lui faire entendre raison, et on n'y parvint qu'en lui promettant de lui amener un grand cheval lorsqu'il serait assez habile pour bien conduire d'abord le petit monta- gnard.

Alors, et comme pour essayer son savoir faire, il se fit placer sur la selle; et avant que les bons Allemands qui l'entouraient aient eu le temps de se reconnaître, il fouetta son cheval, le pressa des deux ta- lons, et le fit partir avec une telle rapidité, que tous les assistans furent saisis d'effroi, dans la persuasion qu'il allait arriver quel- que accident.....; mais lui, intrépide et tout fier de son audace, se cramponna de toutes ses forces sur la selle, s'attacha de ses deux bras au cou du cheval, et s'y tint ferme, jusqu'à ce que les écuyers eussent atteint le petit coureur qui venait de s'arrêter brusquement devant une des grilles du parc.

Le jeune Napoléon, dédaignant les jeux puérils de l'enfance, s'adonnait avec plaisir au jardinage; il avait pris ce goût si naturel aux princes Allemands, dans la société des archiducs avec lesquels il vivait en parfaite harmonie. Ainsi que l'empereur lui-même, et quelquefois à ses côtés, il cultivait des roses, des fruits, et même de bons et simples légumes; mais plus tard, quand la politique vint s'emparer de toutes les facultés de ce jeune homme, il négligea cet innocent délassement pour se livrer à des travaux d'une haute gravité.

Les exercices militaires avaient aussi

pour lui un charme particulier; il passa successivement, suivant l'usage allemand, par tous les grades avant d'arriver à celui de colonel du régiment de Gustave Vasa, qu'il commandait dans les dernières années de son existence. Chaque promotion était, à la cour et au régiment, l'occasion de nouvelles réjouissances et de félicitations adressées au jeune duc sur sa précision dans les manœuvres, sa bonne grâce sous les armes, et les belles dispositions qu'il annonçait. Mais ce qui n'était alors qu'une sorte de distraction passagère ou une affaire d'étiquette, devint plus tard pour lui une chose sérieuse, une véritable passion, dont les conséquences ont contribué à hâter sa mort, comme nous le verrons bientôt.

Le vieil empereur François aimait tendrement son petit fils, et le jeune prince le payait de ses soins paternels par beaucoup de déférence et d'affection. Les personnes qui vivent à la cour d'Autriche ont remarqué que la vie de l'empereur, qui offre dans ses mœurs et dans ses goûts l'image de la plus belle simplicité, était de la part du fils de Napoléon, l'objet d'une attention aussi exacte que religieuse. Il assistait presque régulièrement à ces audiences du matin que François II accorde au peuple de Vienne, et s'y faisait remarquer par la décence, la grâce et la dignité de son maintien.

Il faut ranger au nombre des erreurs publiées sur le duc de Reichstadt, cette opinion consignée pourtant dans une brochure intéressante et vraie sous beaucoup d'autres rapports, que ce prince, amateur passionné de l'harmonie, était initié à tous les secrets de la composition musicale, au point que plusieurs personnes en faisaient presqu'un Mozart ou un Hayden. Un jeune seigneur allemand, qui a vécu dans l'intimité du prince, et à la bienveillance duquel nous devons la plus grande partie des documens précieux que nous publions aujourd'hui, nous a affirmé que le prince aimait en effet la musique en homme de goût, en amateur éclairé, mais non pas en artiste, et qu'il ne lui avait jamais vu écrire une note ou composer un accord (1).

(1) Communications de M. le comte Rodolphe.

Le génie du jeune Napoléon qui s'est développé dans les derniers mois de son existence, nous a prouvé qu'il aspirait à une autre gloire, qu'à celle du troubadour, et que c'était une occupation bien frivole qu'un concert ou un oratorio, pour celui dont la tête roulait déjà de vastes projets sur la destinée des empires !

On nous a souvent reproduit le tableau de la chambre d'exil de Napoléon..... Je vais vous conduire dans l'appartement de son fils. Imaginez-vous une chambre de château, spacieuse et haute, garnie de meubles antiques, sans élégance, mais d'une noble simplicité. Point de tableaux, comme on en voit dans les demeures royales, et surtout dans les palais allemands ; seulement quelques gravures qui rappellent les batailles les plus mémorables livrées par Napoléon.

Une de ces estampes représente Bonaparte, premier consul, se promenant une main placée dans son gilet, sur la pelouse du château de la Malmaison, d'après un admirable dessin d'Isabey.

Sur la cheminée, un beau buste de Canova, représentant l'empereur François II. Au milieu de l'appartement, une grande table chargée de cartes détachées, sur lesquelles plusieurs notes et des traits au crayon, indiquent les recherches fréquentes auxquelles se livrait le jeune prince. Une bibliothèque bien garnie, et composée avec beaucoup de discernement et de goût.

Plusieurs volumes sont remplis de notes volantes ; entr'autres l'*Histoire de Charles-Quint*, par Robertson ; la *Grandeur des Romains*, par Montesquieu ; le *Journal de M. de Las Cases*, celui du docteur *O'Méara*, et enfin le *Mémoire dicté à Sainte-Hélène* par Napoléon lui-même, que depuis quatre années cet infortuné jeune homme lisait et relisait sans cesse avec une insatiable ardeur.

Je ne sais, mais il me semble qu'au seul aspect de cette chambre que je viens de décrire, on connait le caractère, les habitudes et les goûts de celui qui l'habitait.

On nous avait dit encore qu'aucun Français ne pouvait pénétrer jusqu'à lui, ni se hasarder à lui remettre un livre, un ouvrage quelconque , l'expression d'une pensée; qu'entouré sans cesse par ses gentilshommes d'honneur, il était, suivant l'expression pittoresque d'Alphonse Rabbe, emprisonné dans une Sainte-Hélène morale, dont nul mortel n'aurait pu franchir les bords escarpés..... Cette opinion s'était accréditée surtout depuis la publication par M. Barthélemy de son *Voyage à Vienne*, où il était allé pour faire hommage au jeune duc de son beau poëme de *Napoléon en Egypte*. Justement mécontent de n'avoir pu parvenir jusqu'au prince et d'avoir ainsi manqué le but de son voyage, M. Barthélemy a donné comme une règle générale ce qui n'était qu'une exception, dont il fut malheureusement victime, et que je ne me chargerai point d'expliquer.

Mais ce qui prouve que ce ne fût qu'une exception, c'est qu'à cette époque, avant même, et depuis, le duc de Reichstadt reçut la visite de plusieurs Français, qui n'éprouvèrent aucunes difficultés pour lui rendre leurs devoirs, et qui en obtinrent l'accueil le plus aimable et le plus distingué, car il aimait beaucoup à revoir des *compatriotes*, à les interroger sur ce qui se passait en France, et sur une foule de détails qu'il était avide de connaître.

Je ne citerai que M. le duc de Montebello qui, pendant son séjour à Vienne, se présenta plusieurs fois à Schœnbrunn, fut toujours reçu avec empressement, parla au prince avec la plus grande liberté, et revint enthousiasmé de l'esprit et de l'érudition dont le jeune Napoléon fit preuve, à propos des divers sujets sur lesquels avait porté la conversation.

Cependant j'ai dit plus haut qu'on avait grand soin d'écarter de sa personne tous ceux dont les principes exaltés paraissaient dangereux, et qu'on pouvait regarder comme les émissaires ou les agens indirects du parti bonapartiste en France ; car des engagemens formels et sacré pris par la cour d'Autriche envers le cab ne des Tuileries, s'opposaient à ce qu'on donnât aucun espoir à ce parti, et qu'on lui permît de faire auprès du prince aucune tentative capable de compromettre sa sécurité personnelle et le repos de l'Europe.

Tel fut assurément le motif des persécutions exercées contre M. Charles Doudeuil, jeune Français dévoué à la famille Bonaparte. Trompant la vigilance des personnes commises à la garde du prince , et franchissant tous les obstacles , Charles Doudeuil était parvenu , en 1826(1), à voir *seul* le fils *de son empereur* ; mettant les instans à profit , il avait cherché à réveiller dans le cœur du jeune duc des sentimens de gloire et de grandeur ; il avait excité son ambition en lui présentant le tableau de la France *désolée* , formant des vœux ardens et secrets

(1) Le 24 août. Le jeune Napoléon n'avait pas encore 16 ans.

pour son retour, et prête à le recevoir avec enthousiasme , comme son père au 20 mars 1815. S'apercevant de l'effet presque magique produit par ces paroles sur l'âme du jeune Napoléon , Doudeuil tira de son sein une cocarde tricolore qu'il pria le prince d'accepter , comme un souvenir de France , et aussi comme un talisman. Le duc électrisé à la vue de ce signe national, le reçut avec empressement, et s'écria : « Allez dire aux Français l'émotion que » m'a causée la vue de la cocarde tricolore » dont vous me faites présent, et assurez-les » du désir que j'ai de me montrer digne d'ê- » tre le fils de l'empereur Napoléon. » Mais ce moment d'inspiration fut de courte du- rée. La mission que Charles Doudeuil s'éait donnée fut bientôt connue ; tous les accès du château lui furent interdits, et, pour le punir de sa témérité, on s'empara de sa personne, et il expia longtems, dans les prisons d'Autriche, sa courageuse, mais inutile audace. Le duc retomba sous l'influence de ses idées premières et des convictions qu'on lui avait inculquées sur le dogme de la légitimité, et des autres principes conservateurs de la stabilité des trônes. Et c'est même à cette occasion qu'on l'entendit proférer ces paroles : « Eh! » mon Dieu ! que veulent-ils faire de moi ? » pensent-ils donc que j'aie la tête de mon » père ? »

On se rappelait encore la tentative de Charles Doudeuil, quand M. Barthélemy vint en Autriche : et peut-être qu'alors son dévoûment bien connu à la famille Bonaparte , fit craindre au comte de Drietrichstein que ce poëte distingué ne fût aussi un agent secret, venant pour nouer une intrigue , dont la dédicace du poème ne serait que le prétexte ; ce qui fit qu'on ne lui permît pas d'approcher du prince. Quant à moi, je ne vois pas d'autre manière d'expliquer la rigueur dont M. Barthélemy fut l'objet ; et il ne doit pas s'en plaindre , car il ne faudrait l'attribuer qu'à la haute opinion qu'on aurait conçue , à cette époque, de son patriotisme et de son talent.

Telle était l'existence que menait le duc de Reichstadt à Schœnbrunn , existence dont la monotonie était troublée chaque année par une cérémonie bien triste, et dont l'influence était terrible sur l'âme du jeune prince. C'était l'anniversaire de la mort de son glorieux père.

Lorsque Napoléon mourut, son fils, bien jeune encore, porta le deuil pendant six mois suivant l'usage autrichien, et fut douloureusement affecté de cette perte; mais il ne pouvait alors en comprendre toute l'étendue .... Plus tard il la comprit, et ce funeste événement, au lieu de s'effacer de sa mémoire, d'année en année, ne fit que se graver plus profondément dans son cœur; son chagrin amer grandissait avec lui, et finit par lui devenir fatal.

L'archiduc Charles, son oncle et son

ami, prince vénérable, le conduisait chaque année, le 5 mai, dans une petite église de Vienne, où un service commémoratif était célébre pour l'*âme* de Napoléon.

C'était un spectacle attendrissant que celui du jeune duc et du vieux guerrier, tous deux agenouillés sur la pierre, et confondant leurs prières et leurs regrets.

Le jeune prince semblait recueillir toutes ses forces dans ce sentiment d'amour et de douleur qui nous fait croire quelquefois, dans la chaleur de l'exaltation, que nous sommes entendus de ceux que nous pleurons! ses joues pâles s'étaient allumées; des larmes baignaient ses yeux, ses mains étaient jointes avec une sorte de contraction nerveuse. Peut-être qu'alors il rapprochait dans ses pensées désespérées, la captivité de Sainte-Hélène, des jours, où maître du monde, la pensée de son père lui léguait déjà les diadèmes de tous les souverains de l'Europe, réunis dans sa main puissante !

Ce jeune homme qu'on nous peignait à Paris glacé par une éducation autrichienne, ne sortait jamais de ce service funèbre, qu'épuisé, malade pour plusieurs jours, et et les traits flétris par la douleur !

Le duc de Reichstadt était doux, vif, et il avait des éclairs de gaîté dans sa société habituelle ; la politique seule avait le pouvoir d'obscurcir soudainement ses traits ; vous le trouviez aussitôt grave et peu expansif, comme s'il eût craint d'espérer, comme s'il eût redouté de montrer l'avenir qu'il rêvait peut-être, et auquel il lui était interdit de songer. Sa conversation était légère, rapide et douce dans le mouvement d'un grand cercle à la cour; il y écoutait beaucoup, et jouissait, là, de ce rare avantage que lui valait l'affection de ses parens, d'être un sujet de toutes les prévenances. Aussi il ne s'y disait rien d'intéressant qu'il ne désirât se l'approprier par ses questions; chacun y répondait avec bienveillance. Ses maîtres ont remarqué qu'il reproduisait tout avec un choix élégant et précis de paroles. Il concevait ses idées rapidement et avec une grandeur frappante; mais l'expression et le développement en restaient

souvent imparfaits , à cause de cette faiblesse maladive , dont le germe s'annonça
de bonne heure, et qui reprenait fréquem-
ment le dessus dans son organisation. On
ajoute que , dans certains momens , il
poursuivait ces développemens avec un
feu, une rapidité , une éloquence magi-
ques ; qu'il s'y élevait avec une effrayante
énergie pour sa santé et sa vie...

Lutte funeste à laquelle il ne put résister,
et qui tôt ou tard l'aurait frappé à mort !
Mais les événemens de 1830 ont hâté ce fatal dénoûment.

CHAPITRE VI.

Opinion du duc de Reichstadt sur la légitimité, et sur le sort qu'on lui destine. — Son espoir de régner sur la Pologne. — Sa sympathie pour la France. — Révolution de Juillet. — Bouleversement dans les idées du jeune prince. — Son agitation. — Ambition qui s'éveille. — Souvenirs d'enfance et de gloire.— *Régner en France ou mourir.* — Le duc de Reichstadt se met au courant de toutes les nouvelles relatives à la France. — Son entrevue avec le maréchal Marmont.—Le maréchal lui explique les motifs de sa conduite en 1814. — Mot remarquable du prince devant ses officiers. — Le maréchal Marmont lui donne des leçons de stratégie. — Entrevue du duc de Reichstadt avec un jeune diplomate arrivant de France. — Opinion du duc sur son parti, sur ses projets, et sur la manière de gouverner la France ; il est enthousiaste de la gloire et de la liberté.

Le duc de Reichstadt était arrivé à l'âge de dix-neuf ans avec cette conviction que la légitimité est la seule base sur laquelle

reposent la solidité des trônes , l'inviolabi-
lité monarchique et l'ordre social lui-même.
Il avait grandi dans cette idée, en avait
ressenti toute l'influence, et courbé sous le
joug de la nécessité , il se résignait doucement à son sort. Se faire une réputation
militaire , régner peut-être un jour, par
suite des combinaisons de la politique, sur
quelque nation abandonnée à elle-même ,
comme la Grèce ou la Pologne.... Tel était
l'avenir dans lequel se concentraient toutes
ses pensées , toutes ses espérances. Un fait
peu connu jusqu'ici, mais que pourraient
attester un grand nombre de réfugiés polonais, ne rendait pas cette supposition im-
probable. Le prince savait qu'en 1829, furent frappées et distribuées, à Cracovie ;

plusieurs petites pièces de monnaie à son effigie , portant pour exergue : « Napoléon François-Charles-Joseph, roi de Pologne. » Etait-ce le vœu du peuple qui cherchait à s'exprimer ainsi ? ou bien était-ce l'Autriche elle-même qui jetait là les premiers fondemens d'un projet politique ? On l'ignore encore : et ce n'est pas la mort du duc de Reichstadt qui donnera l'éclaircissement de ce doute historique. Toujours est-il que ce fait a dû parler éloquemment au cœur du jeune prince, dont la sympathie pour les Polonais n'était un mystère pour personne.

Quant à la couronne de France, il voyait entre elle et lui une barrière insurmontable, et s'était accoutumé depuis longtems à détourner ses regards et ses pensées loin de ce but qu'il ne lui était pas donné d'atteindre.

Cependant, chose remarquable, c'était aux nouvelles de France qu'il attachait le plus d'intérêt; c'étaient les feuilles périodiques françaises qu'il lisait avec le plus d'empressement; car tous les journaux, allemands et étrangers, étaient mis sous ses yeux, et il n'était aucun événement politique qu'il ne désirât connaître et dont il ne voulut se rendre compte.

Qu'on s'imagine, s'il est possible, l'étonnement de ce jeune homme, l'agitation de son âme, le bouleversement complet de toutes ses idées, lorsqu'il apprit les événemens de Paris, la lutte des trois journées, l'expulsion du roi de France et de sa dynastie, le triomphe du peuple et le couronnement d'un autre souverain.

Eh! quoi! cette antique famille protégée par tant de siècles d'existence, de gloire et de souvenirs, que les révolutions sanglantes, que les triomphes de l'empire et le génie de Napoléon, n'avaient pu empêcher de ressaisir le trône de ses pères; cette famille, placée là, en vertu et sous la sauvegarde du principe de légitimité, indispensable à la stabilité des empires et au repos du monde... La voilà, malgré de si profondes racines, abattue, précipitée du trône en trois jours !...

Et le sceptre est décerné à un autre par la puissance du peuple!

Et le peuple impose ses conditions au

chef qu'il vient de se donner; et ce chef, reconnaissant les droits du peuple, fier de tenir sa couronne des mains du peuple, accepte les conditions qu'on lui impose, et jure de les observer!

« Les droits du peuple! la puissance du peuple! s'écrie le jeune prince hors de lui; qu'ai-je lu? et que devient donc cette légitimité si nécessaire à la stabilité des trônes; cette nécessité fatale qu'il me fallait subir? Imposteurs! que m'avez-vous appris!

» Ainsi donc, le peuple a aussi ses droits; le peuple peut donner la couronne..... Et mon père ne régnait-il pas par la puissance du peuple? n'a-t-il pas été, comme les vieux rois de la monarchie, élevé sur le pavois par ses braves compagnons d'armes ?

» Et moi ! ne suis-je donc plus son fils ? n'est-ce pas pour moi qu'il a déposé le sceptre ? n'ai-je pas été proclamé par le peuple et par mon père l'héritier du premier trône du monde ? Ah ! je sens aujourd'hui toute la nullité de cette existence froide et sans but, à laquelle ils m'ont condamné... Mais il en est tems encore..... La révolution recommence... et j'ai dix-neuf ans ! »

Puis se promenant à grands pas dans son appartement, sans remarquer ses gentils-hommes, dont les yeux inquiets suivaient tous ses mouvemens, il prit avec vivacité un des journaux qu'on lui avait apportés ; et voyant que plusieurs voix avaient crié , les 29 et 30 juillet : vive Napoléon II!

« France! France! reprit-il avec l'accent le
» plus passionné, tu te souviens de moi!
» Oh! mon père! on ne t'a donc pas ou-
» blié! »

Il fut longtems encore livré à toute la
fougue de cet état d'exaltation, auquel succéda peu à peu un abattement complet. On
lui prodigua les soins les plus empressés,
l'empereur lui-même accourut près de lui
et sembla redoubler d'affection pour ce fils
chéri. Il essaya surtout d'opposer les pru-
dentes réflexions de sa longue expérience
aux illusions funestes de cette imagination
délirante...

Mais hélas! ce fut sans succès...

Le jeune Napoléon, fataliste comme son

père, avait, d'un coup-d'œil rapide comme le sien, marqué son but et sa destinée : *Régner en France, ou mourir !* avait-il dit, et dès ce moment il ne devait plus y avoir de repos pour lui.

La lecture des journaux français devint son occupation la plus assidue; il suivait avec le plus vif intérêt et une avide curiosité les débats parlementaires et la marche du gouvernement de juillet, s'informait avec soin de l'arrivée à Vienne des Français dont la position et les relations lui promettaient quelque renseignement utile, les invitait à venir à Schœnbrunn, les accueillait avec empressement, et les retenait le plus longtems qu'il pouvait.

Oh ! comme alors il se rappela ce pauvre

Charles Doudeuil, dont les paroles lui étaient encore présentes et dont il portait sur son cœur la cocarde tricolore: qu'il eût été heureux de le voir, d'accepter son dévoûment et de lui en exprimer sa reconnaissance! Mais Doudeuil, sorti de prison, avait été expulsé du territoire autrichien, et défense lui était faite d'y reparaître jamais.

C'est alors que le prince consentit à recevoir M. de Montbel, cet ancien ministre de Charles X, qui, plus heureux que ses collègues, a su se soustraire à la vengeance du peuple, et conserver en Autriche une agréable existence, pendant que MM. de Peyronnet, de Polignac, de Chantelauze et de Guernon Ranville consument tristement leurs jours dans les humides cabanons d'une prison d'état. Or, ce dut être une chose curieuse que l'entretien d'un prince, jeune, plein d'âme, d'énergie et d'exaltation, avec ce ministre d'un pouvoir déchu, victime d'idées et d'opinions arriérées, et désenchanté des grandeurs par les leçons d'une cruelle expérience. Si M. de Montbel a voulu être sincère, le prince aura dû recevoir de curieuses confidences; et quoi qu'il y eût peu de sympathie entre ces deux personnages, le jeune duc trouvait sans doute la conversation profitable pour lui, car il y revint à plusieurs reprises et toujours avec une certaine satisfaction.

Mais l'une des visites les plus intéressantes qu'il reçût à cette époque, est, sans contredit, celle du maréchal Marmont, duc de Raguse (1). Il y avait des deux côtés même désir de se voir, et aussi même embarras. Le maréchal redoutait l'effet des fausses impressions que le prince avait pu concevoir sur sa conduite avec l'empereur; et le duc, il faut le dire, n'était pas sans préventions. Ce fut lui, cependant, qui alla au devant du maréchal.

« Monsieur le maréchal, lui dit-il, j'avais » le plus vif désir de vous voir, je sais com- » bien vous aimiez mon père et combien » vous lui étiez dévoué; il vous a aussi » beaucoup aimé, mon père. Mais on dit » que vous l'avez abandonné en 1814, et » que son cœur a cruellement souffert de

(1) Lettre d'une Parisienne.

» cette pensée.... Expliquez-moi donc, je
» vous le demande, comment les choses se
» sont passées; je suis assuré d'avance que
» vous allez vous justifier; mais, dites; car
» j'ai besoin de vous croire : il me serait
» trop pénible d'être forcé de haïr un
» brave militaire comme vous! »

Le maréchal ne s'attendait pas à cette
naïve et franche apostrophe, mais il n'en
fut pas déconcerté; au contraire, cela lui
évita les précautions oratoires et les sub-
tilités de langage qu'il faut employer, quand
on tourne autour d'une explication à laquelle on craint d'arriver, et qu'il est pourtant impossible d'éviter : aussi s'exécuta-t-il
de bonne grâce en abordant loyalement la
question.

Les détails précis de l'explication qu'il donna au prince sur sa conduite lors des mémorables événemens de la capitulation de Paris n'étant pas parvenus jusqu'à nous, nous ne chercherons pas à les reproduire, car nous avons annoncé que nous ne consignerions ici aucun fait, aucune parole, qui ne fussent authentiques, et nous tiendrons scrupuleusement cette promesse.

Tout ce que nous en savons, c'est que le maréchal affirma, sur l'honneur, que sa résolution ne lui avait été inspirée que par son amour éclairé pour la patrie, et le désir bien prononcé d'éviter aux Parisiens un siége, un assaut, les horreurs du pillage et l'effusion du sang; qu'il ne s'était déterminé d'ailleurs que sur l'avis de personnages recommandables par leur savoir, leur expérience et leur patriotisme ; que la calomnie, qui avait dénaturé cette circonstance mémorable de sa vie, serait tôt ou tard confondue, et qu'il comptait sur le temps et l'impartiale histoire pour rendre justice éclatante à son caractère méconnu.

Voilà tout ce qu'ont pu recueillir et nous transmettre de cet entretien si remarquable M. le général comte Hartmann de Klarstein et M. le capitaine baron de Moll, tous deux attachés au prince et honorés de toute sa confiance. Le capitaine d'infanterie Standensky les accompagnait.

« Messieurs, leur dit le jeune Napoléon
» lorsqu'ils furent rappelés près de lui, je
» vous présente M. le maréchal Marmont,

» l'un des plus braves compagnons d'armes
» de mon père ; je le connais maintenant...
» et je puis dire de lui comme du chevalier
» Bayard : il est sans peur et *sans reproche*. »

Le prince et le maréchal échangèrent un coup-d'œil rapide. Il était aisé de voir combien ils étaient satisfaits l'un de l'autre... Mais le regard du maréchal exprimait une vive reconnaissance ; car dans ce mot *sans reproche* que le fils de Napoléon venait de prononcer, il y avait une page pour l'histoire.

Le prince ajouta : « M. le maréchal veut
» bien rester quelques jours avec nous et
» me donner des leçons de stratégie ; que
» mon régiment soit sous les armes demain
» matin ; il n'est pas un de nos officiers qui

» ne se trouve honoré de recevoir des leçons
» d'un pareil maître ! »

Le duc de Reichstadt venait en effet d'obtenir le commandement du régiment de Gustave Vasa ; son goût pour les exercices militaires s'était réveillé avec une nouvelle force depuis les événemens de juillet, et était devenu chez lui une véritable passion. Qu'on juge s'il fut heureux de faire exécuter d'habiles manœuvres à son régiment, d'essayer son savoir faire devant le duc de Raguse, et de céder les honneurs du commandement à cet illustre capitaine.

Il suivit avec une attention et une docilité rare les conseils de son nouveau guide, montra une aptitude remarquable, et développa une capacité et une justesse d'aperçus, qui étonnèrent le maréchal lui-même, et lui arrachèrent, comme malgré lui, ces paroles, à la fin d'une journée de fatigues et d'exercices militaires : « Ah ! que » vous êtes bien le digne fils de mon empe- » reur ! »

Cependant le duc de Reichstadt venait d'avoir avec un jeune seigneur autrichien une conférence où sa brûlante imagination avait puisé une nouvelle énergie : c'était un jeune diplomate, auquel un séjour de quelques années en France avait donné des notions assez justes sur la diversité des opinions, et la force des partis qui s'agitaient dans notre pays.

En sa qualité de *diplomate*, il eut soin de s'informer, au préalable, de quelle manière il devrait aborder le jeune duc, et quelle réponse il devrait faire aux questions qu'il ne manquerait pas de lui adresser sur la France. On lui répondit :

« DITES-LUI LA VÉRITÉ. »

La cour d'Autriche commençait, comme on voit, à modifier un peu ses principes ; car il y a loin de cette réponse à la raideur des dogmes monarchiques, et des idées d'absolutisme et de légitimité nécessaire, dans lesquels le pauvre duc avait été élevé. Cela pourrait expliquer, jusqu'à un certain point, le bruit qui s'était répandu que M. de Metternich avait eu un moment la pensée de faire revivre, en faveur du duc de Reichstadt, les souvenirs et les droits que lui avait légués son père, et de ressusciter pour la gloire et la pourpre impériale le grand nom de Napoléon.

Il y a là encore un de ces mystères politiques que la mort du duc a étouffés, et qui sont descendus dans la tombe avec lui !

Quoiqu'il en soit, notre diplomate, admis près du jeune duc, lui dit *la vérité*. Il lui représenta la France en proie au déchirement des partis ; le roi des barricades, essayant de les calmer, de les sauver réciproquement de leurs propres fureurs, et de tenir la balance égale entre tous ; il lui montra les exilés d'Holyrood soutenus par l'aristocratie de la nation, les départemens de l'Ouest et les richesses considérables de leurs partisans ; il lui représenta le gouvernement actuel défendu par la classe moyenne, par la plus grande partie de l'armée, par tous les gens indécis qui aiment le repos et la stabilité avant tout, et enfin par tous les moyens d'autorité, d'influence et de pouvoir que possède toujours un gouvernement de fait, quelque soient son origine et son avenir.

« Quant à vous, Monseigneur, ajouta-t-il, »vous avez pour vous les débris des vieilles »phalanges que votre illustre père condui- »sait à la victoire ; vous avez ces hommes, »qui ne pardonnent pas à l'empereur d'a- »voir abandonné la liberté pour la gloire, »mais qui, pleins d'admiration pour cette »gloire, veulent éprouver l'effet du nom »que vous portez, et espèrent que vous mar-

» cherez à la tête de la jeunesse française ,
» dans la nouvelle carrière qu'elle vient de
» s'ouvrir ; vous avez enfin le peuple des
» campagnes et des chaumières , car c'est
» encore là que les souvenirs de l'empire ont
» laissé des traces plus durables...

» Le peuple ! la liberté ! dit le jeune prince
» en l'interrompant, oui , c'est bien cela !
» c'est ainsi que je comprends ma destinée..
» Le tems des conquêtes est passé ; je n'ai
» ni la tête ni le génie de mon père , je ne
» puis pas lui ressembler ; mais je puis ren-
» dre la France heureuse et libre... Je m'en-
» tourerai du peuple, de toute la jeunesse ;
» je suis jeune aussi... Nous marcherons en-
» semble... nous grandirons ensemble dans
» ces belles idées d'ordre, de liberté , d'in-

» dustrie , de beaux-arts... Oh ! oui , je le
» sens, je crois à l'avenir , nous ferons un
» grand peuple ! »

«N'est-ce pas ainsi qu'on parle en France?
» dites, M. le comte , croyez-vous que si je
» tentais quelque chose... Enfin, vous, qui
» connaissez si bien tout ce qui s'y passe,
» dites-moi franchement, dois-je réussir!...»

Et ces mots prononcés avec un entraîne-
ment et une conviction remarquables,
embarrassèrent un peu le diplomate qui
répondit en balbutiant :

« Mais avec le tems, Monseigneur... et
puis la Providence...

— » La Providence ! la Providence ! sans
doute. Mais surtout la volonté ! »

Le jeune comte vit bien alors qu'il n'avait

rien à apprendre à son altesse, dont le projet était irrévocablement arrêté, et que des circonstances seules dépendrait le bon ou le mauvais succès de sa résolution.

CHAPITRE VII.

Cependant l'activité du prince ne se ra-
lentissait pas ; l'étude de la politique, et

les travaux de l'art militaire absorbaient tout son tems (1).

Mais lorsqu'après une année écoulée, il vit que les choses ne changeaient point, que l'Europe ne s'ébranlait pas, que personne autour de lui ne se dévouait pour sa cause, que son aïeul lui-même ne s'emblait ni l'approuver, ni se disposer à seconder ses efforts; fatigué de cette lutte intellectuelle, découragé par son isolement, et dévorant en secret tous ses chagrins, il voulut par une agitation physique, violente et forcée, échapper à cette agita-

(1) Il affectionnait alors le costume militaire, et paraissait vêtu le plus souvent de l'uniforme de son régiment; il portait sur sa poitrine les plaques des ordres de Parme et de S.-Étienne de Hongrie.

tion morale qui le consumait, et à cette fougue de pensées décevantes qui déchiraient son âme.

Alors il se livra avec impétuosité à des exercices immodérés. Tantôt il s'élançait sur un cheval indompté, et prenait plaisir à s'abandonner à tous les emportemens de de l'animal furieux, l'excitait lui-même, et de ses éperons lui déchirait les flancs, jusqu'à ce que le cheval, épuisé, haletant, vint tomber de fatigue sous la main de son intrépide écuyer;

Tantôt il recherchait avec avidité, les plaisirs bruyans du bal, se laissait entraîner pendant des nuits entières aux tourbillonnemens d'une valse plus fatiguante que voluptueuse : car laissant de côté les danses allemandes, c'était aux bonds sautillants de la galoppe anglaise, ou à la rapidité des figures françaises qu'il donnait la préférence ; et ce n'était pas sans surprise qu'on voyait ce jeune homme, autrefois si grave, si occupé de travaux paisibles et sérieux, rentrer le matin pâle et harassé, après avoir passé une nuit de fatigues et d'épuisement au bal.

Puis alors, au lieu de prendre du repos, il montait à cheval, se rendait au champ de manœuvres, et commandait les évolutions militaires de son régiment avec une ardeur, une persévérance et une passion telles que sa voix en était brisée.

Enfin, et comme s'il eût voulu s'abandonner à la fois à tous les genres d'excès, et

tenir contre sa propre existence une ga-
geure homicide, il ouvrit son cœur à des
impressions, qui auraient pu devenir pour
lui la source de consolations douces et tendres, mais qui, n'étant que le résultat de
passions fougueuses, sans discernement et
sans but, hâtèrent la ruine totale de ce
corps usé si jeune par des fatigues physi-
ques et morales poussées au-delà des forces
humaines!

Il arriva en cet état jusqu'à la fin de
l'année 1831, où sa maladie, qui faisait chaque jour de nouveaux progrès, présenta
tout-à-coup les caractères les plus alarmans.
On a fait, sur cette maladie, beaucoup de
conjectures, on s'est livré à beaucoup de
suppositions... Mais il paraît bien certain

18

aujourd'hui que c'était une *pthisie pulmo-naire* ; et lors même que l'organisation du pauvre prince n'y eût pas été naturellement disposée, l'existence pernicieuse qu'il menait depuis deux ans, aurait assurément bien suffi pour déterminer en lui le principe de ce mal funeste.

Son médecin Malfatti, italien d'origine, et auquel il était extrêmement attaché, lui prodigua vainement les soins les plus dévoués. J'ai lu dans un ouvrage publié récemment, « que ses consultations sur la » maladie de son jeune maître, et la marche » qu'il suivit dans le cours des divers traite-» mens qu'il prescrivait, n'augmentèrent » pas la bonne opinion qu'on avait de son » expérience et de son savoir ». Cette assertion est grave, surtout si l'on considère qu'il s'agit du fils unique de Napoléon, et qu'adresser un pareil reproche à son médecin, c'est en quelque sorte le rendre responsable de la mort de son illustre et intéressant malade. Mais il faut observer d'abord que le jeune Napoléon se refusait obstinément à prendre certains remèdes, et dissimulait avec une rare fermeté les symptômes les plus caractéristiques de son mal.

Ensuite, le médecin Malfatti avait parfaitement jugé la maladie, et n'avait que trop bien acquis la triste certitude de l'impuissance de son art.....

Ce qu'il pouvait ordonner, il le fît; il conseilla de faire voyager le jeune prince.

Sous le soleil brûlant de l'Italie, de la Grèce ou des Açores, cette vie qui se desséchait aurait pu reprendre un peu de sève et de force ; loin des études arides de la politique, de l'agitation des partis et des rêves dévorants de l'ambition, il fallait transporter ce pauvre malade dans un beau climat, sous un ciel pur et sans nuage, où des souvenirs poétiques, où les beautés pittoresques d'une nature variée auraient touché son âme et calmé sa bouillante imagination.....

Tels furent les conseils de Malfatti..... Le vieil empereur les écouta et voulut les suivre, car il aimait toujours tendrement son petit-fils, et sa maladie l'affecta profondément ; il ordonna donc tous les prépararifs du départ, et déjà la joie brillait dans les yeux du pauvre malade, mais une joie mélancolique et douce, la joie d'un homme qui peut aimer encore; mais qui n'espère plus.....; car, tel était son sort, et il le savait. Voir l'Italie, peut-être la France, ou du moins en passer bien près, c'était pour lui un grand bonheur avant de mourir! Et voilà quel était le motif de son naïf contentement.

Mais une faction cachée derrière le trône, et plus puissante que l'empereur lui-même, parvint à empêcher ce départ, et força le prince à rester à Vienne (1).

(1) Quelques journaux ont publié, il y a quelques jours, que le jeune Napoléon, à l'âge de 16 ans, avait fait incognito un voyage en Angleterre,

18*

Dès ce moment, il n'y eut plus d'espoir de le sauver. Il avait souri à l'idée de ce voyage ; il y comptait positivement....... Le refus qu'il éprouva lui causa une exas-pération funeste ; toute la fougue de son caractère, tous ses emportemens s'exha-lèrent contre la tyrannie dont on le rendait victime..... « Suis-je donc un esclave, » s'écria-t-il, et dois-je expirer dans ma » prison ? Mon pauvre père, j'aurai donc ce

sous la surveillance de plusieurs Allemands de dis-tinction auxquels l'empereur François l'avait con-fié ; et qu'il avait parcouru avec eux les établisse-mens publics et particuliers les plus importans de la Grande-Bretagne. Nous avons pris les renseigne-mens les plus précis sur ce fait , et nous pouvons affirmer qu'il est complètement inexact. Le duc de Reichstadt n'est jamais sorti de l'Autriche , pas même lorsqu'un voyage aurait pu lui sauver la vie.

» trait de ressemblance avec toi ! les misé-
» rables !.... ils nous auront fait mourir
» tous deux et de la même manière.....»

Alors son état empira successivement, au point que les progrès de la maladie frappèrent les yeux les moins exercés ; à mesure que le terme approchait, cet infortuné jeune homme, qui s'était en quelque sorte suicidé, semblait vouloir ressaisir cette vie qu'il avait dissipée lui-même et qui allait lui échapper..... « Si jeune !
» disait-il avec amertume, n'y a-t-il donc
» aucun remède ? Ma naissance et ma mort,
» voilà donc quels seront les seuls souvenirs
» que je laisserai après moi ! »

Quand il se fut convaincu que le mal prenait un caractère mortel, il fit demander sa mère. On lui écrivit : on la pria, de sa part, de lui envoyer un berceau en vermeil qui devait se trouver à Parme, et que la ville de Paris avait offert à l'impératrice le jour de sa naissance. Ce désir ne quitta pas sa pensée qu'il n'eut été satisfait. Le berceau arriva ; sa mère le suivait.

Lorsqu'on le lui présenta, il en admira le beau travail et l'éclat avec ce saint et doux enthousiasme des mourants ; le feu de ses regards révélait l'agitation de ses idées. Il fit approcher ce berceau de son lit, le toucha, puis avec une résignation religieuse pleine d'élévation et de douceur, il dit à ceux qui l'entouraient : « Laissez-le près de moi ; ce berceau et » mon lit, voilà l'image des deux extré-

» mités de ma vie. Il n'y a entre ce lit,
» qui sera bientôt ma tombe, et ce beau
» berceau, que mes vingt-un ans, mon
» nom et des douleurs; et même rien que
» mon nom! » Il parut alors vivement
souffrir. — « Oui, ajouta-t-il avec feu,
» laissez-le près de moi. Mon berceau sera
» près de ma tombe! » Puis, quelques
grosses larmes roulèrent le long de ses
joues dont la pâleur s'était animée...

L'arrivée de sa mère à Schœnbrunn,
amena des scènes d'une déchirante tendresse : cette mère avait retrouvé ses premiers sentimens, et ce jeune homme par-
donnait (1)...

(1) Précis de M. Fayot.

Un artiste français qui passait par Vienne, sollicita et obtint la faveur de lui être présenté ; l'aspect de ce jeune homme, si beau, si jeune, dont le fron' arge annonçait une haute pensée, sa 'gure pâle et et souffrante, son air inspiré... et le froid de la mort déja répandu sur ses traits, émurent profondément notre compatriote. Le prince s'en apperçut, fixa sur lui un regard plein de bonté, et faisant un effort pour parler, il lui dit : « Vous allez en » France ; dites à vos amis, aux miens, » que je meurs avec le regret de ne pou- » voir embrasser la colonne ! »

L'archiduc François et l'archiduchesse Sophie, proches parens du duc de Reichstadt, avaient pour ce malheureux jeune homme, une affection qu'il payait du plus tendre retour.

Pendant tout le tems de sa maladie, l'archiduchesse ne le quitta pas d'une minute, quoiqu'elle fut enceinte et qu'elle eût besoin des plus grands ménagemens. Avec cette délicatesse et ce tact qui n'appartient qu'aux femmes, elle disposa le prince à se faire administrer les sacremens, sans que cette cérémonie eût rien de cruel pour lui.

L'archiduchesse, prenant le prétexte de ses couches dont le moment approchait, voulut recevoir tous les sacremens, même celui de l'extrême-onction. Entraîné par son exemple, plus encore que par ses instances, il s'est soumis à ce devoir qu'il n'envisageait, avant, que comme une affaire d'étiquette.

C'était un contraste bien touchant que la réunion pour le même acte religieux de cette jeune femme prête à donner le jour à une nouvelle créature, et de ce jeune homme expirant au printems de sa vie; aussi de toutes parts on n'entendait que gémissemens et sanglots.

Depuis ce jour, le mal augmenta avec une rapidité effrayante, et le pauvre prince ne se faisant plus aucune illusion sur son état, fit graver au bas de son portrait qu'il remit ensuite à l'archiduchesse Sophie, ces mots : Souvenir éternel d'un mourant.

Puis il demanda et obtint de son aïeul, la permission de faire un legs considérable au régiment de Gustave Vasa dont il était colonel. L'empereur autorisa depuis le régiment à accepter ce legs, et à inscrire sur ses drapeaux le nom du jeune prince.

Enfin, cette déchirante agonie arriva à son terme ; et le 22 juillet 1852, le fils infortuné de Napoléon, en proie comme son père à des souvenirs désespérants, consumé comme lui par l'exaltation d'une énergie refoulée sur elle-même, sans issue et sans but, épuisé par de longues souffrances, mais conservant encore toute sa raison, passa lentement sa main sur son front déjà mort, et murmura quelques paroles qui tombèrent de ses lèvres comme l'expression »d'une pensée inachevée : « Oui..... sans »gloire.. pour la France.. ah ! mon père ! »

Ces mots furent les derniers qu'il pro-
nonça.

La mort du duc de Reichstadt causa à
Vienne des regrets universels, car ce jeune
homme y était adoré, et l'amour désintéressé qu'on lui portait fait son plus bel
éloge.

Sous le rapport politique, cette mort est
importante pour l'Autriche ; la personne
du jeune Napoléon était entre ses mains,
tour-à-tour un objet de terreur pour elle-
même et un épouvantail pour la France.
Son nom seul prononcé par M. de Metternich, sous la restauration eut fait trem-
bler Louis XVIII et Charles X, et aurait
suffi pour réprimer toute tentative contraire à la politique autrichienne : et pour-

tant la prudence n'aurait pas permis de réaliser la menace qu'un tel nom exprimait. Cette menace n'aurait peut-être pas été sans effet, même après la révolution de 1830, sur les hommes d'état qui ont présidé à notre politique, bien qu'elle n'eût pas été plus sérieuse aujourd'hui qu'à une e é rautpoque. Voilà donc l'Autriche à la fois délivrée de l'effroi qu'elle éprouvait, et désarmée de l'instrument de trouble dont elle disposait contre nous.

En France la nouvelle de cette mort a fait moins de sensation apparente qu'elle n'en a produit réellement ; il semble en effet que toute la presse se soit entendue pour parler de cet événement dans les termes les plus convenables, les plus mesurés, et qu'on ait compris combien il était peu à propos de faire de la polémique fougueuse sur une tombe encore entr'ouverte... Toutefois les nombreux partisans de Napoléon, et du prestige attaché à son nom, ont été frappés comme d'un coup de foudre à la nouvelle de cet événement auquel on ne voulait pas croire, quoiqu'il fût pourtant prévu depuis plusieurs mois; et les convictions politiques en ont été fortement ébranlées. Un homme d'esprit (1) a parfaitement saisi cette impression produite sur le peuple, en s'écriant au moment où la nouvelle devint authentique : « En perdant le duc de Reichstadt,

(1) M. Charles Lautour Mézeray.

»le peuple français a perdu son culte po-
»litique; il ne croit plus à rien ! » C'est-
à-dire que désenchanté du prestige des
noms, ne croyant plus aux hommes, mais
aux choses ; plus aux individus, mais aux
principes, le peuple français perdant ce
signe magique qui seul pouvait encore le
porter à se sacrifier pour la cause d'*un
homme*, ne se sacrifiera plus désormais
que pour la cause de la patrie, dirigera
tous ses efforts vers ce noble but, et n'ar-
borera plus d'autre drapeau que celui de
l'honneur, de la gloire et de l'indépendance
nationales. L'héritage politique du fils de
Napoléon appartiendra donc à celui qui
saura rallier les masses populaires aux vé-
ritables intérêts du pays.

19*

L'empereur d'Autriche, François II a ordonné que l'épitaphe suivante fut gravée sur la tombe de son petit-fils.

ETERNÆ MEMORIÆ
JOS. CAR. FRANCISCI DUCIS REICHSTADIENSIS
NAPOLEONIS GALLIARUM IMPERATORIS
ET
MAR, LUDOVICÆ ARCH. AUSTRIÆ
FILII
NATI PARISIIS XX MART. M. D. CCCXI
IN CUNABULIS
REGIS ROMÆ NOMINE SALUTATI.
ÆTATE, OMNIBUS INGENII CORPORISQUE
DOTIBUS FLORENTEM
PROCERA STATURA, VULTU IUVENILITER DECORO
SINGULARI SERMONIS COMITATE
MILITARIBUS STUDIIS ET LABORIBUS
MIRÈ INTENTUM
PHTISIS TENTAVIT
TRISTISSIMA MORS RAPUIT
IN SUBURBANO AUGUSTORUM AD PULCHRAM
FONTEM PROPÈ VINDOBONAM
XXII JULII MDCCCXXXI.

Cette inscription peut être traduite ainsi:

« A l'éternelle mémoire de Joseph-Charles-François, duc de Reichstadt, fils de Napoléon, empereur des Français, et de Marie-Louise, archiduchesse d'Autriche, né à Paris, le 20 mars 1811.

Dès son berceau il fut salué du nom de roi de Rome, il fut doué de toutes les facultés de l'esprit et de tous les avantages du corps : sa taille était haute, son visage paré de tous les charmes de la jeunesse, ses discours pleins d'affabilité ; il avait montré une aptitude étonnante dans l'étude et les exercices de l'art militaire.

Atteint par une maladie de poitrine, il a été enlevé par la mort la plus déplorable, à Schœnbrunn, près Vienne, le 22 juil. 1832.»

Cette épitaphe est surtout remarquable en ce qu'elle contient une reconnaissance positive du titre d'empereur des Français, pour Napoléon; et de celui de Rome, pour son fils. Il est probable que c'est une concession qu'il aura fallu faire à l'enthousiasme des Allemands pour l'empereur, et à leur affection pour son fils. Cette épitaphe est d'ailleurs digne et convenable; mais j'avoue que je préfère celle que le malheureux duc de Reichstadt fit lui-même, quelques instans avant de mourir :

CI-GIT LE FILS DU GRAND NAPOLÉON!
IL NAQUIT ROI DE ROME
ET MOURUT COLONEL AUTRICHIEN!!!

DOCUMENS HISTORIQUES.

FUNÉRAILLES DU DUC DE REICHSTADT.

Les obsèques du duc de Reichstadt ont eu lieu le 24 juillet 1832. La simplicité y a présidé, comme chez tous les membres de la famille royale. Une division de hussards précédait une voiture de cour à six chevaux, dans laquelle se trouvait le commissaire de la cour, qui, selon l'usage, fut obligé de frapper à la porte de l'église des Capucins pour obtenir l'entrée du défunt, en déclinant son nom et son rang. Cette voiture était suivie du catafalque; des porteurs de torches marchaient à côté; des grenadiers et des divisions de hussards fermaient le cortége. Les princes et les princesses de la maison impériale, ainsi que la haute noblesse, s'étaient déjà précédemment rendus dans l'église. Les princesses accompagnèrent le cercueil jusqu'au caveau. Le tems favorisait ces funérailles ; une foule immense encombrait les rues, et toutes les classes témoignaient par leur tristesse la vive part qu'elles prenaient à cette cérémonie funèbre.

Le duc de Reichstadt n'a pas laissé de testament ; l'archiduchesse Marie-Louise est donc l'héritière de toute sa fortune, dont le revenu se monte à deux milions de florins (deux millions cinq cent mille francs).

Le legs de l'épée de Napoléon, qu'on avait attribué, dans le principe, au fils aîné du prince Louis Bonaparte n'a pas eu lieu.

On se demande dans quelles mains va tomber cette immortelle épée?

AUTOPSIE

DU CORPS DU DUC DE REICHSTADT,

QUI A EU LIEU LE 23 JUILLET,

Dans le château de Schœnbrunn, par les soussignés.

1° *Etat extérieur.* Le corps était tout amaigri ; outre les taches livides ordinaires, on remarquait des traces de piqûres de sangsues, et au sommet de la tête et sur la poitrine des marques de frictions d'onguent de crême de tartre ; aux deux bras des taches provenant de vésicatoires ; la charpente osseuse de la poitrine était longue et étroite par rapport au reste du corps ; la poitrine plate, le cou long. Tout le corps a cinq pieds neuf pouces de longueur, la peau était dure et s'écaillait facilement.

2° *Dans le crâne.* La consistance du crâne était très-compacte, cependant aux sutures il était transparent et se confondait en plusieurs endroits avec la dure-mère ; lors de l'enlèvement de la boîte osseuse du crâne, il sortit un peu de sérosité, par suite d'une lésion causée par la scie.

La pellicule dure du cerveau était extraordinairement dense, et tenait par des ligamens fibreux à la pie-mère ; les vaisseaux sanguins sur le cerveau étaient remplis d'un sang de couleur foncée ; le cerveau paraissait avoir été comprimé par le crâne.

Dans la cellule gauche se trouvait amassée une once de sérosité, dans la cellule droite au contraire une très-petite quantité. Après avoir enlevé le cerveau, on recueillit encore dans le crâne environ deux onces de *sérum* ; le cervelet était également plus compact qu'à l'ordinaire ; du reste il se trouvait dans l'état normal.

3° *Dans la cavité de la poitrine.* Le sternum n'avait qu'un demi-pouce de large, et était extrêmement court. Le poumon droit adhérait aux côtes et au tissu cellulaire ; toute sa substance consistait en un nombre infini de tubercules d'une matière squirrheuse carcinomateuse, avec un pus trèsliquide et d'une odeur extrêmement fétide.

A la partie supérieure du poumon gauche il y avait un tubercule en suppuration ; le reste du poumon gauche ainsi que le cœur étaient dans un état parfaitement sains.

La glande de thymus était plus grosse qu'à l'ordinaire , et durcie d'une manière cartilagineuse ; elle était grenue dans l'intérieur, et présentait presque le même aspect que le poumon après l'écoulement du pus.

Les parois du larynx étaient corrodées , probablement par suite du passage du fluide des poumons.

4° *Dans la cavité du ventre*. Le foie grand, mais dans un état tout-à-fait normal; la vessie du fiel petite , et contenant un peu de fiel jaunâtre ; le pancréas en bon état, la rate extraordinairement grande et molle. L'estomac plus petit qu'à l'ordinaire , du reste en bon état ; les glandes mésentériques plus grosses et plus grenues que de coutume : au reste , le canal intestinal n'a présenté rien d'anormal. Les deux reins , surtout celui de gauche , avaient un peu plus de la grandeur ordinaire ; ils étaient du reste en bon état, ainsi que la vessie.

Signé : Sinnlitsch, chirurgien de la cour ; Jean Malfatti, médecin ; François Wirer, docteur-médecin ; Jean de Hieber, médecin de la cour ; le docteur Rinna, *id.* ; le docteur Zangerl, médecin du château, faisant les fonctions de secrétaire.

Lettre de l'archi-duchesse Marie-Louise,
à Madame Mère, à Rome.

« Madame,

» Dans l'espoir d'adoucir l'amertume de la douloureuse nouvelle que je suis malheureusement dans le cas de vous annoncer, je n'ai voulu céder à personne le soin pénible de vous en faire part.

» Dimanche 22, à cinq heures du matin, mon fils chéri, le duc de Reichstadt, a succombé à de cruelles et longues souffrances; j'ai eu la consolation d'être auprès de lui dans ses derniers momens, et celle de pouvoir me convaincre que rien n'a été négligé pour le conserver à la vie; mais les secours de l'art ont été impuissants contre une maladie de poitrine que les médecins, dès le principe, ont unanimement jugée d'une nature si dangereuse, qu'elle devait infailliblement conduire au tombeau mon malheureux fils, à l'âge où il donnait les plus belles espérances. Dieu en a disposé! Il ne nous reste qu'à nous soumettre à sa volonté supérieure, et à confondre nos regrets et nos larmes.

» Agréez, Madame, dans cette douloureuse circonstance, l'expression des sentimens d'attachement et de considération que vous a voués votre très-affectionnée

MARIE-LOUISE.»

Au château de Schœnbrunn, le 23 juillet 1832.

Lettre de S. M. l'empereur d'Autriche, au général comte Hartmann de Klarstein.

« Mon cher comte Hartmann,

» Connaissant vos qualités personnelles et vos talens militaires, je vous avais placé près de mon petit-fils chéri, le feu duc de Reichstadt. Vous avez parfaitement répondu à ma confiance par la manière dont vous vous êtes acquitté de votre service, et en particulier par la sollicitude pleine de loyauté que vous lui aviez vouée. Voulant vous donner une preuve de ma reconnaissance, je vous confère la croix de commandeur de mon Ordre impérial de Léopold.

» Par les mêmes motifs, je confère au

capitaine de cavalerie, baron de Moll, et au capitaine d'infanterie Standenesky, qui étaient également placés près du feu duc, la croix de chevalier du même Ordre, ce dont vous leur donnerez connaissance.

FRANÇOIS. »

Bade, le 1er août.

LETTRE DE M. BELMONTET,

Sur les causes de la mort du jeune Napoléon.

(Nous reproduisons ici la lettre adressée à quelques journaux, par M. Belmontet, littérateur plein d'énergie et de talent. C'est un document qui nous a paru assez curieux pour être conservé, quoique nous ne partagions point l'opinion émise par cet écrivain sur les causes de la mort du duc de Reichstadt.)

Zurich, le 6 août 1832.

« Monsieur le rédacteur,

» Le jeune fils de Napoléon, victime, comme son père, de la sainte-alliance, épuisé par une longue et douloureuse consomption, après une lutte horrible avec la désorganisation totale de son jeune corps, s'est éteint le 22 juillet, à cinq heures du matin, dans les bras de l'archiduc François son intime ami, et de sa mère, qui ne survivra pas longtems à cette perte cruelle, qui doit avoir réveillé en elle bien des souvenirs amers. Le jeune Napoléon s'est pour ainsi dire endormi: la mort a été plus douce que la vie. Il n'a éprouvé qu'un regret en mourant, celui de n'avoir pas vu la France, dont il parlait toujours les larmes aux yeux, et surtout de n'avoir rien fait pour elle. Je sais bien, disait-il, il y a quelques mois, que je dois mourir jeune, et sans doute de la mort de mon pauvre père ; on ne me pardonnera jamais d'être son fils. — Personne ne doute, même à Vienne, qu'il n'ait été la victime d'un crime politique. Cette mort, venue à point nommé lorsqu'il entrait dans sa majorité, lorsqu'il pouvait révéler au monde les brillantes qualités qui le distinguaient, cette mort, tant de fois prédite, n'a étonné personne; elle n'a fait que révolter.

» Le duc de Reichstadt était un très-beau jeune homme, animé de sentimens héroïques, adoré de tous ceux qui le voyaient, et capable de grandes résolutions. Sa maladie y a bien vite mis ordre. Je suis sur les traces du crime ; on m'a promis de précieux renseignemens ; je les dénoncerai à l'univers entier, dussé-je périr à l'œuvre. Il est absurde de croire que l'Autriche y a mis la main ; l'auguste malade était l'idole de la cour de Vienne, c'est le mot. Je sais positivement que son grand'père, l'empereur François II, lui portait la plus grande affection.

» J'ai vu un bout de lettre qu'il a écrite à un de ses parens, lorsqu'il s'est vu dépérir, il y a deux mois : je vous en enverrai une copie. Rien n'est plus touchant que les dernières paroles du fils de Napoléon ; une grande âme respirait dans ces lignes tremblantes, car il se mourait.

» Quelle fatalité dans la famille du grand homme ! Qu'elle a bien expié toute sa grande gloire ! Napoléon assasiné à Saint-Hélène de la part des despotes ; Murat fusillé ; toute la famille, depuis quinze ans, dispersée, poursuivie, et toujours calomniée ! — Un fils de Lucien, mort misérablement en Grèce, où il volait à la défense de la liberté. — Un fils de la reine Hortense, jeune homme du plus grand mérite, qui avait en lui quelque chose de Napoléon, atteint par le poison et dévoré en deux jours dans les rangs des insurgés italiens, qui combattaient pour la liberté en 1831. —

Son frère, brave comme lui, comme lui dévoué à la sainte cause des peuples, traqué comme une bête fauve en Italie par la police austro-papale, venu mourant à Paris, à travers mille dangers, chassé de la capitale, toujours mourant, par l'inhumanité de l'ex-ministre Périer...—Que de maux dans cette malheureuse famille !.. Et tout cela parce que le nom de Napoléon est populaire! Mais ce qu'il y a de plus affreux dans cette série de catastrophes, c'est ce dernier meurtre commis de nouveau sur Napoléon dans son fils. Les feuilles ministérielles de la sainte-alliance vont se donner le mot pour repousser cette accusation; mais l'opinion ne changera pas. Oui Napoléon II, comme Napoléon Ier est mort empoisonné. Le jeune infortuné le répétait souvent : « Je sais bien que j'hérite de mon » père ; mais moi, pauvre jeune homme, » qu'avais-je fait pour être immolé avant » d'avoir vécu ? » On a eu la barbarie de détruire en sous main cette brillante et triste existence, qui commença sous le plus beau trône de l'univers, sur des trophées magnifiques, pour s'achever dans un triste exil, dans cette même chambre de Schœnbrunn d'où Napoléon dictait ses ordres en vainqueur à l'Europe. Il n'aura fait que passer dans la vie, pour mieux faire comprendre toute la grandeur des misères humaines et toute la misère des grandeurs.

» L. Belmontet. »

SERVICE FUNÈBRE A AJACCIO.

La triste nouvelle de la mort de S. A. le duc de Reichstadt a fait à Ajaccio la plus vive sensation. Un service funèbre pour ce prince, enlevé presqu'à l'aurore de son existence, a été célébré le 14 août dernier, dans l'oratoire de St.-Erasme. La confrérie des marins a fait preuve de zèle pour rendre, autant qu'elle pouvait, cette lugubre cérémonie digne du personnage auquel se rattachaient tant d'illustres souvenirs! Le concours des personnes qui y ont assisté a été nombreux. Aucun désordre n'a troublé le profond recueillement dans lequel on s'y est tenu.

M. Pianelli, avocat, a prononcé un discours qui a profondément ému l'âme des nombreux assistans ; il a fait ressortir, avec éloquence et énergie, l'horreur de la politique infâme qui a conduit au tombeau celui qui, peut-être, pouvait faire le bonheur de la France.

Pendant toute la journée du 14, les magasins ont été fermés, et toutes les fenêtres étaient ornées de drapeaux tricolores surmontés de crêpes noirs. Les habitans d'Ajaccio ont porté le deuil pendant huit jours. Un service funèbre plus solennel aura lieu à la cathédrale.

POÉSIES

COMPOSÉES A L'OCCASION DE LA NAISSANCE

DU ROI DE ROME.

DITHYRAMBE

SUR LA NAISSANCE DU ROI DE ROME,

PAR M. CASIMIR DELAVIGNE.

Destin, qui m'as promis l'empire de la terre,
Tu disais : Rome un jour souveraine des rois,
   Les verra, courbés sous ses lois,
Devant elle abaisser leur sceptre tributaire ;
Rome au monde asservi dictera ses arrêts.
Où sont ces noirs captifs, ces tributs, ces hommages,
Et ce sceptre vainqueur et des rois et des âges ?
   Destin, qu'ont produit tes décrets ?

Ma gloire a disparu comme une onde légère,
   Autour de moi je vois épars
   Les antiques débris des Césars
   Ensevelis dans la poussière ;
Où marchaient mes soldats où flottait leur bannière,
   Je n'aperçois que des tombeaux ;
Et, déchu pour jamais de sa grandeur première :
Un peuple de vaincus ose fouler la terre
   Où dort un peuple de héros.

Rome, ne gémis plus sur tes foudres éteintes
Au séjour du destin ont pénétré tes plaintes,

Et de son antre obscur aussi vieux que le tems
La voûte prophétique a redit ses accens :
« Que la cité de Mars à ma voix se console ;
» Un nouveau Jupiter, garant de mes décrets,
          » Va présider au Capitole ;
» O monts du Latium, inclinez vos sommets !
» Napoléon va rendre à l'antique Ausonie
» Ses lauriers, sa splendeur, son trône, son génie.
          » Rome, tes destins vont changer ;
» La France sur ses pas t'appelle à la victoire ;
          » Elle ne peut céder sa gloire
          » Mais elle peut la partager.

» Pour soutenir le poids du sacré diadème
» Qui doit à sa grandeur bientôt s'associer,
          » Du héros la bonté suprême
          » Te promet un autre lui-même,
          » De ses vertus immortel héritier ».

          Mais déjà le ciel te le donne ;
          L'éclair luit, les airs sont troublés,
          Et dans les temples ébranlés
          L'airain pieux tremble et résonne.
          La foudre a retenti cent fois ;
          Quel est le Dieu que le tonnerre
          En grondant annonce à la terre ?
          C'est le fils du plus grand des rois ?

Salut doux espoir de la France ;

Gloire au guerrier, fils du guerrier !

A peine il vient de naître..... et l'univers entier

A retenti de sa naissance.

Déjà l'aigle romaine au vol audacieux

Va prendre son essôr et planer dans les cieux ;

Ces fils de Romulus, dont vingt siècles de gloire

Protègent les exploits passés,

Tremblent de les voir éclipsés

Par cet illustre enfant, qu'adopte la victoire ;

L'astre de Jule en a pâli,

Et, sous le marbre solitaire,

De ses restes glacés, muet dépositaire,

César a tressailli.

Quel Auguste appareil ! quels pompeux sacrifices !

Aux autels de son Dieu, dans les saints édifices,

La France est à genoux !

Quel immense concours assiége ces portiques !

Ministres du seigneur, redoublez vos cantiques.

Temples agrandissez-vous !

Sous ces voûtes religieuses

Où flottent de vingt rois les dépouilles fameuses

Mobile monument des exploits d'un héros,

Ce peuple ne vient pas, dans sa reconnaissance,

Du Dieu guerrier protecteur de la France

Chanter les triomphes nouveaux ;
Un besoin plus touchant que celui de la gloire
A guidé les Français ravis ,
Et l'hymen de la paix résonne en ces parvis ,
Naguère accoutumés aux chants de la victoire.
Le Danube est ému jusqu'au fond de ses eaux ,
Et , secouant sa chevelure humide ,
Il s'élance joyeux de son palais liquide ,
Le front ceint de roseaux.

Mais quelle sublime harmonie
Soudain retentit sur ses bords?
Des vierges de la Germanie
Qui dira les divins accords ?
Un Dieu lui-même les inspire ;
Un Dieu leur a prêté sa lyre ,
Et la corde sonore a frémi sous leurs doigts.
C'est toi que leur voix chante , aimable souveraine ,
Toi, dont les jeunes mains ont désarmé la haine ,
Toi, la fille, l'épouse, et la mère des rois.

Tu parus ; aussitôt les filles de la France
Entourèrent ton char de leurs concerts joyeux ,
Devant toi marchait l'espérance ,
Et ce jour à jamais heureux
D'un jour plus doux encor nous donna l'assurance,
Jeune immortelle , il naît de ton sein généreux

Ce fils, que ta présence annonçait à l'empire ;
Un doux transport déjà se mêle à tes douleurs,
Et sur ces traits souffrants où la beauté respire,
Le souris maternel brille au milieu des pleurs.

Telle dans sa course légère,
Dissipant un brouillard obscur,
Du jour l'aimable messagère
Apparaît sur son char d'azur.
A la terre qui se réveille,
La déesse, de sa corbeille
Prodiguant les trésors divers,
Par ses pleurs et par son sourire,
Annonce le Dieu dont l'empire
Va s'étendre sur l'univers.

Reçois, royal enfant, les vœux de la patrie :
Qu'un laurier paternel ombrage ton berceau !
Que la gloire et les arts, embellissant ta vie,
Consacrent à jamais le règne le plus beau !
Enfant chéri du ciel, attendu par la terre,
Promis à la postérité,
Puisses-tu, sous les yeux de ton auguste père,
Croître pour l'immortalité !
Et vous, peuples heureux de ces heureux rivages,
O vous dont sa naissance a comblé tous les vœux,
Goûtez un bonheur sans nuages

Qui doit s'étendre un jour à nos derniers neveux.
　　　　Bannissez la crainte importune ;
Par un vent favorable en son cours entraîné ,
Le vaisseau de l'Etat , de gloire environné ;
　　　　Porte César et sa fortune.

CHANT DITHYRAMBIQUE

SUR LA NAISSANCE DU ROI DE ROME,

PAR M. P. F. TISSOT,

Professeur de poésie latine au collége de France.

Livrons-nous aux transports que l'allégresse inspire :
Des maux de la discorde affranchis par les Dieux ,
Nos fils ne verront pas le glaive ambitieux
Partager les débris de ce superbe empire.
Des présens de la gloire à ce peuple guerrier
　　　　Les Dieux ne veulent rien reprendre
　　　　Et l'héritage d'Alexandre
Dans les mains de son fils passera tout entier.

Compagne d'un héros, bénis ta destinée !
Cet enfant, le lien de cent peuples divers,
L'attente des Français, l'espoir de l'univers
Est le premier présent de ton jeune hyménée :
Salut au gage heureux de ta fécondité !
      Par lui le nom d'un grand monarque,
      Vainqueur du tems et de la parque,
Passe de rois en rois à la postérité.

O reine, quel présage ! à peine la lumière
De ton fils au berceau vient frapper la paupière,
      Qu'entrouverte par un souris
      Déjà sa bouche purpurine
      Des longues douleurs de Lucine
      S'essaye à te donner le prix.
Plaisirs plus doux encore pour le cœur d'une mère !
Sur le faible héritier des antiques Césars
Un immortel époux attachant ses regards
S'enivre devant toi du bonheur d'être père,
Et du trône un moment oubliant les travaux
      Contemple l'enfant qui sommeille,
      Ou prête une craintive oreille
Au murmure si doux de son léger repos.

Ainsi lorsqu'à l'aspect de l'aigrette flottante
Sur le casque d'acier du redoutable Hector,

Le jeune Astyanax pousse un cri d'épouvante
Et se rejette au sein qui l'allaitait encor ,
Le héros indulgent aux frayeurs de cet âge ,
Dépose avec bonté son casque radieux ;
Il berce de ses mains ce fils sa noble image ;
L'élève vers le ciel, en demandant aux Dieux

  Un roi l'honneur de sa patrie ,

  Un roi digne de ses aieux ;

  Spectacle touchant et pieux ,

  Que son Andromaque attendrie
Regarde en souriant et les pleurs dans les yeux.

 Tels sont aussi les vœux du héros de la France ;
  Sur les ailes de l'espérance
Son ardente prière a volé jusqu'aux cieux :
Eternel protecteur d'un peuple audacieux ,
Tu fondas cet empire , achève ton ouvrage ;
  A cet enfant inspire mon courage ;
  Range l'univers sous sa loi ;
Qu'héritier de mon sceptre et gardien de ma gloire ,
Il transmette à nos fils une illustre mémoire :
  L'Europe et le monde après moi ,
Veulent de ta bonté le présent d'un grand roi.

  D'une tige illustre et féconde
  O tendre et premier rejeton !

Tout notre espoir sur toi se fonde :
Race du grand NAPOLÉON,
Réponds à l'attente du monde ,
Et ne va point fléchir sous le poids de son nom
Né du sang généreux d'un monarque intrépide,
La fille de César dans ses flancs t'a porté ;
Tu dois préluder comme Alcide ,
Et conquérir aussi ton immortalité.

Minerve à la prudente Alcmène
Annonce que longtems victime de la haine,
Son vaillant fils un jour doit monter radieux
Au lit d'une jeune déesse ,
Et , le front brillant d'allégresse,
S'enivrer de nectar dans la coupe des Dieux :
De ce grand avenir la superbe promesse ,
Loin d'éblouir la reine , éclaire sa sagesse :
Elle veut que dès le berceau
L'enfant , sous les yeux de l'envie ,
Commence cette noble vie
Qui l'affranchira du tombeau.

Sur le bouclier de son père
Ce lion caressant goûte un profond sommeil,
Heureux pendant la nuit , heureux à son réveil ,
Il sourit à sa tendre mère.

Loin de lui les soins corrupteurs,
Par qui l'imprudente mollesse,
D'un roi préparant la faiblesse,
Promet un vil esclave à de lâches flatteurs.

Sous les yeux vigilants d'un sage ;
Au front couronné de lauriers,
Alcide aiguise son courage,
Et l'exerce aux travaux guerriers.
Tantôt l'ardeur qui le dévore
Poursuit les monstres des forêts ;
Et de son arc novice encore
Partent d'inévitables traits ;
Tantôt, devant le vieux centaure
D'un coursier frémissant, jusqu'alors indompté,
Il soumet la colère et l'indocilité.

Suivi d'une brillante élite
De cent fils de héros par son père adoptés,
Et de sa jeune gloire émules redoutés,
Le voyez-vous, terrible, incapable de fuite,
Pressant l'attaque et la poursuite,
Dans ces jeux de Bellone, image des combats,
Commander la victoire à ses nouveaux soldats ?
Vainqueur de ses rivaux, il dépose les armes ;
C'est alors qu'à son cœur, nourri dans les alarmes,

Révélant les plaisirs de la tendre pitié,
 Linus lui fait verser des larmes
Sur le sort d'un mortel par les dieux oublié,
 Ou célèbre, en vers pleins de charmes,
La vertu des grands cœurs, la fidèle amitié ;
D'autres fois, pour calmer l'ambitieuse ivresse
Qui dédaigne la paix comme un lâche repos,
Du prêtre d'Apollon la divine sagesse
Elève les bons rois au-dessus des héros.

Loin des conseils du vice et de sa voix perfide,
 Napoléon tu l'as promis !
 Ainsi, couvert de ton égide,
 Croîtra pour nous un autre Alcide.
La naissante terreur de nos fiers ennemis.
Prince, tous ces exploits, épreuves de courage
D'un héros fabuleux, tant de fois triomphant,
N'étaient qu'un vain spectacle et que des jeux d'enfant,
 Près du sévère apprentissage,
Qu'imposent à ton fils, et tes hardis travaux,
Et cet empire immense accru sous tes drapeaux,
Qui du Tibre au Texel, de la Baltique au Tage,
Sur vingt peuples divers de mœurs et de langage,
Etend son ombre auguste et ses vastes rameaux.

 Mais que la muse de l'histoire
 Condamnant vingt rois immortels,

De l'oubli des soins paternels

Punisse leur noble mémoire ,

Et d'un peuple , après eux , déchu de ses honneurs ,

Leur impute à jamais la misère et les pleurs.

Tu ne crains pas ses cris accusateurs :

L'avenir des Français occupe ta grande âme ;

Des vertus de ton fils tu veux nourrir la flamme ;

Tu veux être son guide. Eh ! quel autre , dis-moi ,

Du lait de la sagesse abreuvant son enfance ;

Formerait l'héritier de ta vaste puissance !

Napoléon , saisis ce noble emploi :

Il demande le cœur d'un père tel que toi.

Quel honneur pour ce fils , ta superbe espérance ,

Si , docile aux conseils que lui promet ta voix ;

Elève de ton règne , et plein de tes exploits ,

Appuyé par l'amour et les vœux de la France ,

Il soutient dignement , sous les regards des Dieux ,

Le fardeau de l'empire et d'un nom glorieux !

Mais du lent avenir je franchis la distance ;

Déjà de sa naïve enfance

Les jours heureux sont loin de nous ;

Des antiques héros déjà son cœur jalóux

Au-dessus d'eux cherche à marquer sa place

Semblable au fier aiglon , dont la naissante audace ,

Dans les champs du soleil , qu'il ignorait encore ,

Affronte les périls, noble instinct de sa race,
Je le vois.... de lui-même il a pris son essor.
Malheur aux fils des rois bercés par la mollesse
S'ils venaient éprouver la force et la jeunesse
        De ce premier de tes soldats !
Entraîné par la gloire aux ailes enflammées,
Il nous rappelle un père, et ses fameux combats
Où le souffle de Mars consumait des armées.
        Plus prompt que les feux dévorants,
        Ou que la course des torrents,
Rien ne peut l'arrêter.... aucun n'ose l'attendre.
        Fameux dans l'âge d'Alexandre,
Et digne comme lui des larmes de César
Déjà des bords de l'Ourse, ou des champs d'Ibérie,
A ton ordre il revient dans la belle Hespérie ;
Et les peuples en foule accompagnent son char.

        Il est aux pieds du Capitole ;
C'est là qu'environné d'une foule de rois,
Son père au monde entier fait entendre sa voix.
        Flottants au caprice d'Éole,
Les drapeaux ennemis, garants de ses exploits,
        Nos aigles, ce noble symbole
De sa vertu guerrière et des vœux de son cœur ;
        Précèdent le jeune vainqueur,
        Qui monte les dégrés du temple,
        Il entre ; et, debout sur le seuil,

Dans un transport mêlé d'orgueil ,
Son respect admire et contemple
L'éclat et les splendeurs du trône paternel :
Mais , ô doux prix de sa victoire !
Parmi ces pompes de la gloire
Il surprend avec joie un souris maternel.

A l'aspect de ton fils la majesté sévère
S'adoucit par dégrés sur ton front radieux ;
Une vive allégresse éclate dans tes yeux ,
Et le superbe roi cède la place au père.
A la face du ciel et de tes vieux guerriers ,
De ce triomphateur tu baises les lauriers ,
Et du sacré bandeau tu couronnes sa tête ;
Cependant que d'un bruit pareil à la tempête ,
Les cris d'un peuple entier ébranlant les remparts .
De Rome en leurs tombeaux réveillent les Césars.
Restez dans vos demeures sombres ,
Des méchants rois coupables ombres ,
Et de notre félicité
Fuyez l'aspect et le supplice ,
O vous, monstres de cruauté ,
Vous dont le règne détesté
Doit à des prodiges de vice
Son affreuse immortalité.
Ils souilleraient vos rangs augustes .

Monarques belliqueux et justes.
Dernier honneur du nom romain.
O délices du genre humain !
Approchez , divin Marc-Aurèle ,
Magnanime Trajan , et vous pieux Titus ,
Des fils et des rois le modèle ,
Déjà ce jeune prince annonce vos vertus.

Puissent les justes dieux de ces fêtes si belles
Montrer à mes regards les pompes solemnelles ,
Et conserver encore à ce cœur inspiré
Quelques brillantes étincelles
Du feu poétique et sacré !

Et toi , que chaque jour implorent en silence ,
Le pauvre sous le chaume et les rois sous le dais ,
Toi dont l'âme prodigue épanche les bienfaits ,
Et trompe en ses désirs la crédule espérance ,
Fortune !... entends les vœux que t'adresse avec moi
Tout un peuple orgueilleux de l'amour de son roi.
Sur des monts couronnés de neiges éternelles ,
Tu vis d'Alcide et d'Annibal
Préluder le jeune rival :
Dans ces campagnes immortelles ,
Le plus brillant de ses travaux ,
Tu fus docile à ce héros ,

Et son génie avait tes ailes.
Sur le rocher stérile, écueil de Soliman,
Sous les murs d'Alexandre, au sommet du Liban,
Comme au pied de ces pyramides
D'où vingt siècles assis contemplaient nos soldats,
Partout de ses aigles rapides
Ton vol suivit l'audace au milieu des combats.
Deux fois tu trompas l'insulaire,
Et d'un nuage tutélaire
Tu couvris le frêle vaisseau
De ce vengeur de la patrie :
Au nom du monde qui t'en prie,
Adopte son fils au berceau ;
Et que, soumise aux lois d'un prince digne d'elle,
Son ornement et son appui,
Notre France heureuse et fidéle,
Dans la gloire et la paix se repose avec lui !

STANCES

SUR LA NAISSANCE DU ROI DE ROME,

PAR M. MICHAUD, *de l'Institut.*

Depuis le jour prospère où l'auguste hyménée
Dans le palais des rois alluma son flambeau,
A peine le printems sous un soleil nouveau,
Voit briller sa guirlande au front d'une autre année ;
A peine de retour des rivages lointains,
Sur nos côteaux joyeux Flore vient de paraître ;
Les tems sont accomplis, et la France a vu naître
L'enfant qu'à notre amour ont promis les destins.

Il te souvient des jours où ta reine adorée,
Lutèce, en tes remparts, en tes jardins pompeux,
Dans un simple appareil se montrait à nos yeux,
Et d'un peuple chéri s'avançait entourée (1).
Son front avait l'éclat de l'aube à son réveil ;
Nos cœurs la comparaient à la saison nouvelle
Qui vient parer nos champs, et qui porte avec elle
L'espoir de tous les biens que mûrit le soleil.

(1) On n'a pas oublié que S. M. l'impératrice, avant son heureux accouchement, se promenait tous les matins sur la terrasse des Tuileries, où elle marchait entourée des benédictions du peuple.

(Note de M. Michaud.)

Le fleuve plein d'effroi, sur sa rive fleurie,
Un jour n'aperçut point la fille des Césars ;
Dans nos jardins, dans nos muets remparts
On chercha vainement les traces de Marie ;
Le signal de Lucine a retenti trois fois :
Sur les fronts consternés la pâleur est empreinte ;
Près de l'hymen tremblant, Mars a connu la crainte,
Et la douleur gémit dans le palais des rois.

Dieu puissant (1) de Louise abrège la souffrance,
N'interromps point le cours de nos jours fortunés,
Veille sur tous les biens que tu nous a donnés !
Mais nos vœux sont remplis ; ô trop heureuse France !
Le bonheur qui t'attend ne coûte point de pleurs ;
Et, du deuil écartant les funèbres images
Ton jeune roi naîtra sous un ciel sans nuages,
Comme naît un beau jour dans la saison des fleurs.

Déjà Paris entend le bronze pacifique ;
Tous les arts étonnés suspendent leurs travaux ;
Le Dieu du fleuve écoute au fond de ses roseaux ;
Le Louvre a tressailli sous son vaste portique....

(1) L'histoire gardera le souvenir de cette nuit mémorable, qui offrit tant de scènes touchantes, et qui fut pour S. M. l'empereur et roi comme un jour de victoire.

(*Note de M. Michaud.*)

Oui, c'en est fait ! l'airain tonne et tonne cent fois ;
Il tonne et la colline au Dieu Mars consacrée,
Et le mont où Paris voit sa Vierge honorée,
Sur leurs sommets émus répondent à sa voix.

Un globe radieux, s'élançant dans la nue,
Aux célestes lambris va porter nos concerts :
Dans les bois écartés et sur les monts déserts
Descend du haut des cieux une voix inconnue :
Du Louvre triomphant le signal est donné ;
Soudain la renommée, à ce signal docile,
Des bords de l'Éridan aux rives de la Dyle,
Dit aux peuples surpris : un nouveau siècle est né.

Du nord et du midi les régions lointaines
De l'heureuse Lutèce ont redit les accords :
Au signal de l'airain qui tonne dans nos ports,
Neptune impatient de voir briser ses chaînes,
Sur ses flots azurés lève un front radieux ;
Au seuil de nos hameaux l'espérance est assise,
Et raconte aux pasteurs les bienfaits de Louise,
Et d'un héros naissant l'avenir glorieux.

Renouvelle tes chants, riche et belle Ausonie ;
Peuple de Romulus, noble cité de Mars,
Levez-vous, saluez l'héritier des Césars :
Du grand Napoléon il aura le génie ;

Comme lui de l'empire il maintiendra les droits :
La victoire a juré de lui rester fidèle ;
Il régira le monde , et la ville éternelle
Doit être encor pour lui la maîtresse des rois.

O spectacle inconnu ! Lutèce triomphante ,
De lauriers belliqueux voit les temples parés :
Le bronze tonne encore.... aux lévites sacrés
La victoire elle-même , en sa pompe éclatante ,
Vient présenter des rois l'auguste rejeton ;
Et la religion le montrant à la terre ,
Sous un dais entouré des enfans de la guerre ,
Aux pieds des saints autels va consacrer son nom.

Sion , réjouis-toi : la voix de tes prophètes
Vient t'annoncer encor les jours de l'éternel :
Devant un jeune enfant , cher espoir d'Israël ,
Les cèdres du Liban inclineront leurs têtes :
Des peuples opprimés il deviendra l'appui ;
Il punira le crime , il flétrira le vice ;
Ses paroles seront la voix de la justice ,
Et l'esprit du seigneur marchera devant lui.

Quand d'un autre David , son glorieux modèle ,
Cet enfant adoré connaîtra les exploits ;
Sion , dans sa splendeur, aura donné des lois
Aux fils de Samarie , à l'Egypte infidèle ;

Le Philistin verra ses remparts démolis ;
Ses champs seront couverts de ronces et d'épines,
Et la superbe Tyr montrera ses ruines
Au rivage des mers où son trône est assis.

Vainement la discorde, en frémissant de rage ,
Agite ses serpens étouffés tant de fois ;
Le berceau glorieux où dort le fils des rois ,
Est pour nous l'arc-en-ciel qui brille après l'orage ;
Déjà le ciel plus doux sourit à nos concerts.
O prodige éclatant ! de guirlandes parée ,
La couche d'un enfant devient l'arche sacrée
Qui conserve la loi promise à l'univers.

O vous , heureux enfans , qui commencez la vie,
Jeunes fleurs qui naissez pour un monde nouveau ;
Un astre aimé des cieux luit sur votre berceau ;
A vos destins futurs le vieillard porte envie.
Sur une terre heureuse et sous un ciel serein ,
Vous verrez sans effroi les crimes de notre âge,
Semblables au nocher contemplant , du rivage ,
Des flots tumultueux de l'Océan lointain.

Au signal d'un héros , père de la patrie ,
Une Flore inconnue a paru dans nos bois (1)

(1) S. M. l'empereur vient d'encourager la culture des plantes qui peuvent suppléer à l'indigo , à la cochenille , à la canne à sucre, etc,
(*Note de M. Michaud.*)

Le désert étonné va fleurir à sa voix,
Et verra des cités la féconde industrie :
Le miel américain croîtra dans nos sillons ;
Des trésors ignorés dans nos champs vont éclore ;
Et sur leurs bords lointains les peuples de l'aurore,
Des rives de la Seine envieront les moissons.

Nos fleuves uniront leurs ondes fraternelles ;
Et des climats divers échangeant les trésors,
Le commerce opulent rappelé dans nos ports,
Régnera sur des mers trop longtems infidèles.
Tous les arts, enfantant des prodiges nouveaux,
Orneront des palais et des cités nouvelles,
Et, le front couronné de palmes immortelles,
Du grand Napoléon rediront les travaux.

Français, vous n'aurez plus qu'à chanter ses conquêtes,
Le fer qui des guerriers arma les bataillons,
Tracera dans vos champs de paisibles sillons ;
L'airain ne tonnera que dans vos jours de fêtes ;
Vous donnerez vos lois à vingt peuples divers ;
Et l'arbre de la paix qui croîtra d'âge en âge,
Sur votre empire immense étendant son ombrage,
De l'univers soumis entendra les concerts.

MM. Tissot, Casimir Delavigne et Michaud, ne sont pas les seuls qui chantèrent le *héros naissant.* D'autres lyres résonnèrent encore ; nous nous bornerons à citer les noms des écrivains les plus distingués de cette époque dont la voix s'éleva pour célébrer la naissance du fils de Napoléon ;

Ce sont MM. AIGNAN,

ARNAULT,

D'AVRIGNY,

BAOUR-LORMIAN,

BRIFAUT,

BUTTURA,

ESMENARD,

MILLEVOYE,

PARSEVAL,

SOUMET,

TRENEUIL,

VIGÉE,

Et Madame DUFRESNOY.

TABLE DES MATIÈRES.